LES PETITS LIVRES DE LA SAGESSE

Le Petit Livre du Zen

C. Alexander Simpkins
&
Annellen Simpkins

Le Petit Livre du Zen

Un guide pour vivre instant par instant

Traduit de l'anglais
par Michelle Lecœur

La Table Ronde
7, rue Corneille, Paris 6e

Nous dédions ce livre à nos parents, Carmen et Nathanial
Simpkins et Naomi et Herbert Minkin, et à nos enfants,
Alura L. Simpkins et C. Alexander Simpkins Jr.
Nous apprécions l'inspiration des immortels taoïstes,
qui nous parle encore aujourd'hui.

Titre original :
Simple Zen, a guide to living moment by moment.
Tuttle Publishing, Boston, Massachusetts.

ISBN 2-7103-0926-2.

SOMMAIRE

Introduction 9

PREMIÈRE PARTIE : LE ZEN DANS LE TEMPS

   1. Les origines 14

   2. Les premiers temps du zen en Chine et en Corée . . . 20

   3. La période intermédiaire au Japon 41

   4. Le zen pénètre dans l'âge moderne 58

DEUXIÈME PARTIE : LES THÈMES ZEN

   5. Au-delà des mots et des objets, vers l'éveil par soi-même 67

   6. La vacuité : même « rien » n'existe pas 78

   7. L'éthique s'exprime dans un mode de vie correct . . . 85

   8. L'éveil est l'accomplissement de la sagesse 92

TROISIÈME PARTIE : VIVRE LE ZEN

   9. La méditation éclaire la voie 99

  10. Pénétrer le zen à travers les arts 110

  11. Ikebana : être sensible à la nature des fleurs 116

  12. Cha-no-yu : la voie du thé pour vaincre le stress 122

  13. La voie poétique, l'expression illuminée 128

14. Sumi-e : le coup de pinceau de la conscience 133

15. Arts martiaux : trouver le pouvoir interne 144

16. Psychothérapie : au-delà du vide 155

Conclusion 168

Ouvrages cités 170

INTRODUCTION

Le bouddhisme zen est un moyen dynamique d'améliorer l'existence. La vie moderne mobilisant toute notre attention, il nous reste généralement peu de temps à consacrer à autre chose. L'intérêt du zen tient au fait qu'il peut nous aider à développer le calme intérieur, nous permettant ainsi de mieux vivre, même au milieu d'un monde agité. Il n'est pas nécessaire de prendre du temps pour pratiquer le zen – il vous accompagne tout le temps et enrichit le moindre de vos actes.

Le zen vous ramène à votre vie intérieure, illuminant votre vraie nature. Plus vous deviendrez un adepte de la méditation zen, plus elle s'intégrera dans votre vie, que ce soit pendant votre travail ou vos loisirs.

Lorsque nous avons découvert le zen, nous étions tous deux diplômés en psychologie et pratiquions les arts martiaux. Nous nous sommes plongés dans les ouvrages de Suzuki, Dogen, Benoit, Watts et d'autres auteurs écrivant sur le zen. Pendant plusieurs années, à New York, nous avons mis nos connaissances en pratique en suivant les cours de Betty Keene et Charlotte Selver, du San Francisco Zen Center, et au monastère de Tassahara.

Nous avons passé de longues heures à concentrer notre attention sur les activités les plus simples – respirer, être assis, être debout –, à retrouver le fonctionnement naturel de notre corps et de notre esprit. Avec enthousiasme, nous avons assisté à toutes les conférences sur le zen que nous avons pu trouver, y compris celles d'Alan Watts. Et toujours, nous avons continué à méditer, à la recherche d'une compréhension encore plus profonde, découvrant le zen à travers ses nombreuses traditions, plutôt que de chercher à le limiter à une seule.

Le zen nous a également ouvert de nouvelles possibilités en psychologie. En étudiant l'hypnose avec Milton Erickson, nous avons trouvé une nouvelle utilisation du zen en découvrant que l'inconscient était naturel et intuitivement intelligent. En fait, il peut être très avisé. Notre art martial, le taekwondo, une forme de méditation en mouvement, a constitué pour nous une source de vitalité et de concentration intérieure. Nous avons aussi approché les arts à la manière zen, notamment le travail artisanal du bois.

De même que nous avons su nous inspirer du zen pour améliorer la qualité de notre vie, nous espérons que vous, lecteurs, trouverez les moyens d'en tirer le meilleur parti pour vous-mêmes. De nombreux chemins mènent au zen, et la capacité de l'atteindre est déjà en vous.

Comme le disent les maîtres zen : « Rien ne manque. »

LE PETIT LIVRE DU ZEN

Ce livre a pour but de vous aider à comprendre le zen. Il est divisé en trois parties principales. La première est un historique du zen, illustré par les classiques histoires énigmatiques (koans) des grands maîtres, et que vous trouverez résumé à la fin de l'ouvrage. La deuxième partie explique les thèmes clés, de façon à vous indiquer la bonne direction. La troisième partie vous montre comment intégrer le zen dans votre vie par la pratique de la méditation et des arts zen, ainsi que le font les pratiquants depuis des siècles.

Vous pourrez choisir d'appliquer certains concepts zen pour vous aider à améliorer votre vie, ou préférer approfondir la voie. Quelle que soit la façon dont vous déciderez d'intégrer le zen dans votre existence, il développera votre potentiel et vous aidera à vivre simplement et pleinement, instant après instant.

COMMENT UTILISER CE LIVRE

Méditez régulièrement. C'est la base de la découverte du zen. La méditation aide à éliminer le bavardage extérieur pour se focaliser sur l'essentiel. Lorsque votre esprit sera clair, vous vous concentrerez plus facilement sur ce que vous faites. Vous serez en mesure d'affronter les différentes situations de la vie calmement, avec plus d'énergie.

Le zen n'est pas seulement un ensemble de concepts, ou une théorie. Il est nécessaire d'en faire l'expérience. Nous vous encourageons donc à pratiquer les exercices. Lisez les instructions une fois ou deux, puis posez votre livre et mettez-les en pratique. Quand vous travaillerez sur les arts zen, rassemblez d'abord votre matériel. Puis, étalez tout et lisez les instructions avant de démarrer. Concentrez-vous sur la qualité de votre attitude mentale, et non sur le produit fini ou sur les objectifs. Le voyage est l'essence du zen : à partir d'une conscience méditative, vous exprimerez au mieux votre vrai moi.

Nous vous invitons à pénétrer sur la voie. Puissiez-vous apprécier le voyage !

PREMIÈRE PARTIE

LE ZEN DANS LE TEMPS

Dans la lumière de l'instant nous sommes perdus dans un éternel maintenant Et la vacuité nous fait signe mystérieusement. (C. ALEXANDER SIMPKINS.)

L'Histoire se base généralement sur des dates et des événements du passé. L'histoire du zen, cependant, est beaucoup plus que cela. Les dialogues avec des maîtres essentiels, leurs déclarations, et les incidents importants sont des fenêtres qui peuvent éclairer la voie menant à l'illumination zen. Les histoires sur les maîtres fondateurs furent transformées en koans, des outils d'enseignement qui ont transmis l'esprit original du zen à des générations d'étudiants. Lorsqu'on raconte que Bodhidharma stupéfia l'empereur Wu, ou que Lin-chi répondit à la question d'un élève par une attaque, ou encore que Dogen eut accès à la sagesse de l'enseignement grâce à un cuisinier, on entrevoit, l'espace d'un éclair, l'esprit de ces grands maîtres. Durant la première partie, vous suivrez le voyage du zen depuis ses débuts, ce qui vous permettra peut-être d'entamer votre propre voyage sur la voie de l'éveil.

1

Les origines

Les yeux fermés, voyez en détail votre être intérieur. Ainsi, vous verrez votre vraie nature.

(*Vigyan Bhairava,* ancien texte hindou.)

Les origines du zen remontent à l'Inde ancienne et à l'hindouisme, l'une de ses religions indigènes. Au début, l'hindouisme guida les êtres à travers une multitude de chemins spirituels. De nombreux textes anciens décrivent une myriade de pratiques et de croyances hindoues. Les Vedas furent écrits par le peuple aryen, qui émigra en Inde vers 2000 av. J.-C., depuis la Perse et la Russie. Les Upanishads se répandirent en Inde entre 800 et 600 av. J.-C. Ces écrits anciens portent sur l'hindouisme, qui incluait le yoga permettant de mettre la philosophie en pratique. Le corps et l'esprit évoluaient grâce à la méditation, les pratiques de yoga enseignant aux pratiquants à détourner leur attention des contraintes de la vie quotidienne, pour atteindre un niveau de conscience supérieur. Le mot sanskrit *yoga* signifie « lier » ou « joindre », ce qui constitue le but de la pratique yoguique ; autrement dit, lier ou joindre l'esprit individuel à l'esprit universel. Il existe de nombreuses formes de yoga. Chacune d'elles inclut des exercices tendant à diriger l'esprit vers un développement supérieur. Le yoga est une des premières pratiques utilisant la méditation comme méthode fondamentale.

Le bouddhisme s'est développé à partir du large éventail des philosophies de la tradition hindoue. Siddharta Gautama (563-483 av. J.-C.), fondateur du bouddhisme, était le fils d'un roi indien. Le prince Siddharta grandit dans le luxe au palais de son père. On lui enseigna les Vedas et les Upanishads et il fut élevé dans l'hindouisme. Entouré d'amour et de soins, il devint un jeune homme très cultivé et d'une extrême sensibilité. Il épousa une belle princesse qui lui donna un fils. Siddharta semblait avoir tout ce que l'on peut souhaiter. Il était heureux. Un jour, il sortit de l'abri du palais pour partir à la découverte du royaume. Là, il fut bouleversé par ce qu'il vit : la pauvreté, la maladie et la mort. Profondément préoccupé par les souffrances du monde, il décida de quitter la vie facile de son palais luxueux pour chercher des réponses aux souffrances de son peuple. Au grand chagrin de son épouse et de son père, Siddharta rejoignit un groupe d'ascètes, de saints hommes qui pratiquaient l'abnégation pour trouver la sagesse. Siddharta revêtit une robe de moine et jeûna, comme le voulait la voie ascétique. Sur le point de mourir de privations, il comprit que, s'il disparaissait, il ne trouverait jamais les réponses qu'il cherchait, et ses efforts se révéleraient vains. Il prit de la nourriture, but de l'eau et, sentant que sa méditation devenait plus profonde, fit le vœu de continuer sa recherche jusqu'à ce qu'il ait résolu le problème de la souffrance. Cette nuit-là, il s'assit pour méditer sous un arbre bodhi. À l'aube, les premiers rayons du soleil lui apportèrent la lumière intérieure : il comprit que toutes les souffrances du monde provenaient de notre esprit et de nos actions. On ne devait pas s'engager dans des extrêmes, mais suivre la voie du milieu. Après avoir atteint l'illumination, Siddharta Gautama fut connu comme le Bouddha, l'Éveillé. Il exprima cette compréhension en ces mots :

Moi, Bouddha, qui ai pleuré toutes les larmes de mes frères, dont le cœur a été brisé par la détresse de tout un monde, je ris et je me réjouis, car ceci est la liberté ! Écoute, toi qui souffres ! Sache que ta souffrance vient de toi. (PARULSKI 1976) [1].

Avec le temps, Bouddha rendit la voie accessible à tous, sans tenir compte d'aucune classe sociale. Ce fut un changement radical par rapport au système de castes très structuré existant en Inde, qui permettait à la seule caste religieuse des brahmines de chercher l'illumination spirituelle.

Le chemin du Bouddha était la voie du milieu, qui ne tombait jamais dans les extrêmes de la complaisance envers soi-même ni du sacrifice de soi. Il énonça Quatre Nobles Vérités qui pouvaient être aisément suivies par quiconque était sincère dans sa recherche. Premièrement, les êtres

---

[1] Voir la liste des ouvrages cités (page 170) [*N.d.T.*].

LE PETIT LIVRE DU ZEN

devaient se rendre compte qu'il y avait de la souffrance dans la vie. Deuxièmement, ils devaient reconnaître que la cause de cette souffrance était leurs propres envies. Troisièmement, que cette souffrance pouvait être évitée s'ils renonçaient à ces envies. Et, enfin, que le moyen de parvenir à ce changement consistait à suivre la voie de l'Octuple Sentier : la vue juste, l'aspiration juste, la parole juste, la conduite juste, le mode de vie juste, l'effort juste, la pensée juste et la contemplation juste. La pratique de la méditation tout le long d'une vie basée sur l'éthique pouvait permettre de mener une existence paisible, dépourvue de souffrance. Le message du Bouddha attira de nombreux adeptes. D'après la légende, toute sa famille – son père, sa femme et son fils – se joignit à lui pour chercher l'illumination et aider à répandre cette nouvelle philosophie.

Le zen évolua comme une secte (¹) du bouddhisme, ce qui deviendra clair dans les prochains chapitres. L'esprit du zen naquit un jour que le Bouddha parlait à un groupe de disciples au Pic du Vautour. Tous écoutaient ses moindres paroles, leur cherchant un sens plus profond. À la fin de son discours, Bouddha tint une fleur dans sa main et regarda autour de lui. Un seul de ses disciples, Mahakasyapa,

(¹) Le terme « secte » ne doit pas être pris dans son acception péjorative. Ici, il désigne un ensemble de personnes professant une même doctrine, philosophique, religieuse, etc. [N.d.T.]

souriait. Il fit l'expérience de l'éveil en communiquant directement avec le Bouddha. Ce fut la première transmission directe, d'esprit à esprit, le fondement du zen. Les paroles et les études sont secondaires dans l'illumination zen. Mahakasyapa devint le Second Patriarche du bouddhisme et occupa une place prépondérante dans la diffusion des enseignements de Bouddha.

Le bouddhisme continua à se développer en Inde. Après la mort du Bouddha, Mahakasyapa organisa le premier Concile bouddhique réunissant des disciples de Bouddha qui se rappelèrent ses enseignements et les mémorisèrent afin qu'ils ne soient pas oubliés. Ces enseignements, ou sutras, sont devenus la base du bouddhisme.

Peu à peu, les sutras furent retransmis par écrit et accompagnés de nombreuses interprétations. Les disciples commencèrent à se diviser en sectes d'idéologies différentes, chacune ayant sa propre interprétation de l'expérience d'illumination du Bouddha et sa façon de la mettre en pratique. Inévitablement, d'importantes différences apparurent, entraînant la division du bouddhisme en deux branches principales qui existent encore aujourd'hui : le mahayana et l'hinayana (theravada).

Le bouddhisme mahayana offrit une voie praticable par la plupart des gens. Contrairement au bouddhisme hinayana, qui tentait de garder la pureté de l'esprit du message originel de Bouddha en se retirant de la vie ordinaire, les bouddhistes mahayana restaient impliqués dans les activités quotidiennes. Le Bodhisattva, être idéal dans le mahayana, bien que cherchant l'illumination, doit se détourner du paradis pour aider les autres à vaincre la souffrance. Un bodhisattva ne pourra pas se retirer du monde tant que celui-ci ne sera pas entièrement illuminé.

Les nouvelles dimensions de la sagesse méditative à travers la pratique du bouddhisme se répandirent dans les pays voisins – la Chine, la Corée et le Japon. Mais en Inde, l'hindouisme réabsorba le bouddhisme, si bien que celui-ci a pratiquement disparu de son pays d'origine. En revanche, le bouddhisme mahayana s'est répandu en Chine, où de nombreuses modifications lui furent apportées avant qu'il n'évolue, plus tard, au Japon. Avec le temps, le bouddhisme est devenu une religion à l'échelle mondiale et comprend de nombreuses écoles qui s'appuient sur différentes interprétations de l'enseignement de Bouddha. Le bouddhisme zen est une des formes du bouddhisme mahayana qui s'est développé en Chine. Inspiré directement de l'illumination du Bouddha, le zen se saisit de l'esprit de son fondateur pour transmettre l'éveil à quiconque est désireux de le chercher.

2

Les premiers temps du zen
en Chine et en Corée

Quand la roue sans moyeu tourne, le maître ou le non-maître peut l'arrêter.
Elle tourne au-dessus du ciel et sous la terre, au sud, au nord, à l'est et à l'ouest.

(*Mumonkan* 8, *in* REPS 1994.)

Pendant des siècles, les fils du taoïsme et du confucianisme ont été intimement tissés pour former les cultures chinoises. On pense que tous deux trouvent leur origine au sixième siècle av. J.-C., soit plus de six cents ans avant que le bouddhisme n'arrive en Chine et plus de mille ans avant la naissance du zen. Le bouddhisme n'aurait peut-être pas été aussi aisément accepté si les Chinois n'avaient pas déjà pratiqué des religions qui pavèrent la voie de la pensée bouddhiste. On peut considérer que les deux philosophies se complètent parfaitement : le taoïsme est appelé la voie du ciel, le confucianisme la voie de l'homme. Le taoïsme a guidé les êtres sur le plan spirituel en les aidant à retourner à la source, le mystérieux tao qui se trouve dans la nature profonde de toute chose et de chacun. Le confucianisme a offert une boussole au comportement éthique, un moyen de suivre le juste milieu, chung, et de découvrir à la fois l'harmonie interne et externe. Depuis la Chine, le bouddhisme s'est dirigé vers la Corée, puis le Japon.

LE BOUDDHISME ARRIVE EN CHINE

Le bouddhisme mahayana a pénétré sur le sol chinois pendant le premier siècle de l'ère chrétienne. Après avoir commencé par les régions isolées de la Chine, il s'est peu à peu rapproché du centre du pays grâce aux routes commerciales bien établies. La Chine accueillit le bouddhisme avec enthousiasme et, vers l'an 500, il fut plus populaire dans ce pays qu'il l'avait jamais été en Inde.

Les Chinois lui ajoutèrent leur touche personnelle et unique, mêlée de confucianisme et de taoïsme ; en effet, les traducteurs chinois formulaient souvent le bouddhisme en termes taoïstes pour le rendre plus facile à comprendre et à assimiler. Par exemple, ils employaient souvent le mot tao pour le sanskrit *marga,* ou « voie ». Les Chinois avaient longtemps cru que le tao, une mystérieuse unité, était le fondement et l'essence de tout être. Cet ancien concept se fondit avec les nouvelles idées bouddhistes, donnant au bouddhisme chinois une saveur particulière qui n'avait jamais figuré dans les textes sanskrits.

De nombreuses sectes bouddhistes émergèrent en Chine en même temps que le zen. En fait, la période située entre le sixième et le neuvième siècle fut la plus créative du bouddhisme chinois. T'ien-t'ai (Tendai), Terre Pure et Huayen furent les trois écoles qui, ayant pris naissance en Chine, constituèrent ensuite, au Japon et en Corée, des formes marquantes du bouddhisme. Le zen fut également fondé durant cette période.

LES DÉBUTS DU ZEN

> *Retournant à la racine,*
> *Nous obtenons l'essence.*
> (« Hsin Hsin Ming », BLYTH 1969.)

Sans l'inspiration créatrice du peuple chinois combinée au mysticisme religieux de l'Inde, le zen tel que nous le connaissons aujourd'hui n'aurait jamais vu le jour. Le zen mêle l'esprit de vacuité du bouddhisme à la vraie nature du tao, cette mystérieuse unité qui emplit toute chose et la guide. Vers l'an 500, le zen est apparu comme une nouvelle école du bouddhisme mahayana, ayant pour but de guider les êtres vers l'expérience illuminée à travers la pratique de la méditation. En fait, *zen* est le mot japonais pour « méditation ». Le mot chinois est *ch'an*, et c'est sous ce nom qu'il a été connu par les Chinois. La méditation régulière constitue toujours la base du ch'an et du zen, comme au commencement.

Le Premier Patriarche du zen fut un moine bouddhiste indien à qui son maître de bouddhisme, Pranatara, donna le nom de Bodhidharma. Le vœu le plus cher de Pranatara était que Bodhidharma voyage à travers la Chine en répandant les enseignements du mahayana : L'esprit est le Bouddha. Bodhidharma réalisa le souhait de son maître et entreprit un long et difficile voyage vers la Chine.

Une fois sur le sol chinois, il parcourut le pays en prêchant sa méthode. Il disait :

Je ne parle pas de préceptes, de dévotion, ni de pratiques ascétiques… Ce sont des enseignements fanatiques et provisoires. Une fois que vous reconnaissez votre nature mobile, miraculeusement consciente, la vôtre est l'esprit de tous les bouddhas. (PINE 1989.)

Bouddha est le mot sanskrit pour « conscient ». Bodhidharma pensait que tout ce qui participe à la conscience – qu'il s'agisse de voir, d'entendre, de bouger les bras et les jambes, même de cligner des yeux – s'identifiait intimement à la nature de bouddha.

Cette nature est l'esprit. Et l'esprit est le Bouddha. Et le Bouddha est la voie. Et la voie est le zen. (PINE 1989.)

L'empereur Wu, de la dynastie Liang (502-557), entendit parler de ce moine radical venu d'Inde et le convoqua pour une audience. Cet empereur était un généreux mécène du bouddhisme et un ardent défenseur de sa doctrine. Il dit à Bodhidharma :

« J'ai fait construire de nombreux temples bouddhistes et distribué de nombreux textes sacrés. En ai-je acquis un mérite ?

– Absolument pas, répondit Bodhidharma, pour qui le mérite provenait de la sagesse cultivée par la méditation, et non d'actes extérieurs.

– Alors, qui est devant moi ? demanda l'empereur Wu.

– Je ne sais pas ! »

Les réponses de Bodhidharma choquèrent et troublèrent l'empereur, qui ne comprit pas que celui-ci tentait de démontrer son engagement envers la pureté et la simplicité du zen. L'esprit de bouddha, l'état de conscience découvert à travers la méditation, est le même pour tous, qu'ils soient paysans ou rois. Chacun a en lui l'esprit de bouddha qui constitue une partie de l'unité, sans aucune hiérarchie ni supériorité. Nous pouvons tous devenir bouddha grâce à la transformation de la méditation.

Bodhidharma fut rapidement désenchanté par le manque de compréhension et d'engagement de ceux qu'il rencontrait. D'après la légende, il se rendit dans une grotte près du temple de Shaolin, dans la province de Hunan, et s'assit face à un mur. Là, il médita pendant neuf ans, sans parler à personne. La rumeur se répandit qu'un moine, plongé dans une profonde méditation, possédait une grande sagesse. Nombreux furent ceux qui vinrent lui rendre visite, requérant ses enseignements, mais Bodhidharma demeurait assis en silence, le regard fixe. Aucun parmi eux n'était digne d'assurer sa succession.

Enfin, il y eut un homme, Hui-k'o (487-593), dont on raconte qu'il se coupa le bras et le tendit à Bodhidharma en signe de dévouement absolu envers la voie. Celui-ci l'aida à réaliser l'illumination et le reconnut comme son successeur. Hui-k'o devint le Second Patriarche du zen.

Le zen était enseigné personnellement. L'illumination était communiquée directement du maître à l'élève, de la même façon que le Bouddha avait enseigné à Mahakasyapa. Cette forme d'enseignement se perpétue encore aujourd'hui : on l'appelle la transmission directe.

Les anciens patriarches chinois, très versés dans les textes classiques, intégrèrent le zen aux philosophies chinoises existantes, notamment le taoïsme. Chaque homme y contribuait à sa manière. Le Troisième Patriarche, Seng-ts'an (mort en 606), composa le premier poème zen, « Hsin Hsin Ming, inscrit dans l'esprit croyant », qui montre clairement la fusion du bouddhisme et du taoïsme formant la synthèse unique que constitue le zen. Le taoïsme perçoit tous les phénomènes du monde selon l'opposition yin/yang. Pour le bouddhisme, tout est vacuité. Le zen mêle les deux :

Quand l'activité s'arrête et que la passivité s'installe
Cette passivité est de nouveau un état d'activité.
... L'activité de la grande voie est vaste.
Elle n'est ni facile ni difficile.

(BLYTH 1969.)

Le Quatrième Patriarche, Tao-hsin (580-651), organisa la première communauté zen, dans laquelle les moines vivaient séparés de leurs familles et de la société. Hung-jen (601-

674), le Cinquième Patriarche, inspira nombre de grands maîtres ; ils fondèrent des sectes zen qui se perpétuèrent pendant plusieurs générations. Son élève le plus célèbre, Hui-neng, fit beaucoup pour l'avenir du zen.

LE SIXIÈME PATRIARCHE

Si Bodhidharma est considéré comme le fondateur du zen, Hui-neng (638-713), le Sixième Patriarche, lui donna un nouvel élan. Contrairement aux précédents patriarches, qui étaient tous très bien éduqués, Hui-neng était un simple bûcheron, pauvre et illettré. Un jour, juste après avoir vendu du bois de chauffage sur la place du marché, il rencontra un homme en train de réciter l'un des plus fameux sutras mahayana, le sutra du Diamant (Joyau de la sagesse transcendantale). Lorsqu'il était étudié avec soin, ce sutra pouvait entraîner une véritable transformation de la pensée. En l'écoutant, Hui-neng sentit un profond changement s'effectuer en lui et, en un instant, il fut illuminé. L'idée que n'importe qui, même un humble marchand, pouvait atteindre l'éveil fut à la base du zen de Hui-neng.

Celui-ci se rendit au temple de Hung-jen, le Cinquième Patriarche, pour approfondir sa compréhension. Habituellement, les monastères excluaient les personnes sans éducation, mais Hui-neng fut accepté comme moine laïque et eut pour tâches de concasser le riz et de débiter du bois pour le feu. Hung-jen reconnut que ce nouvel élève avait un talent naturel.

Lorsque le Cinquième Patriarche fut sur le point de se retirer et de désigner un successeur, il demanda à ses élèves de composer un poème qui résumerait leur compréhension. On s'attendait naturellement à ce que Shen-hsiu, l'aîné des élèves, reçoive la robe officielle et le bol symbolisant la transmission directe. Il lut son poème à haute voix :

Notre corps est l'arbre de la bodhi
Et notre esprit un brillant miroir
Soigneusement nous les essuyons heure après heure
Sans laisser la poussière se poser.
> (PRICE et MOU-LAM 1990.)

En entendant ce poème, Hui-neng eut une compréhension plus profonde et composa son propre poème :

Il n'y a pas d'arbre de la bodhi
Ni de miroir brillant
Puisque tout est vacuité,
Où la poussière pourrait-elle se poser ?
> (PRICE et MOU-LAM 1990.)

Le maître écouta les deux poèmes et reconnut la sagesse de Hui-neng. Pensant que ses disciples n'accepteraient pas un moine illettré pour son successeur, il envoya secrètement Hui-neng dans le Sud pour qu'il y crée sa propre branche du zen. En même temps, il reconnut Shen-hsiu, qui méritait cette promotion par ses années de dévouement et d'étude. Shen-hsiu se dirigea vers le nord, où il fonda l'École du Nord. Il y enseigna que la méditation calme et tranquille amenait peu à peu les pratiquants assidus à une vie illuminée. Il s'ensuivit un sérieux conflit avec l'École du Sud dirigée par Shen-hui (670-762), disciple de Hui-neng. La ligne directe du zen du Nord ne dura pas plus de deux générations d'élèves. Des échos du zen tranquille de Shen-hsiu résonnent encore dans la pratique du zen soto, où une calme méditation quotidienne est essentielle.

En revanche, l'École du Sud de Hui-neng demeura active, guidant les élèves vers de soudains éveils. Hui-neng acceptait des étudiants quels que soient leur classe ou leur passé, car il était persuadé, selon sa propre expérience, que « l'essence de l'esprit est déjà pure et libre » (PRICE et MOU-LAM 1990). Point n'était besoin d'effectuer de longues études ou de posséder un talent inhabituel pour atteindre l'illumination. Le paysan comme le roi pouvaient y parvenir, transformant ainsi leur vie pour toujours, une fois qu'ils percevaient cette simple vérité. L'École du Sud de Hui-neng devint l'influence dominante. La plupart des écoles zen modernes se réfèrent encore à lui.

LA DYNASTIE T'ANG (618-907) : L'ÉCLOSION DU ZEN

À la suite de Hui-neng, le zen se répandit à travers le pays, grâce à de nombreux grands maîtres qui s'exprimaient librement. La période T'ang fut l'une des plus créatives et des plus innovatrices pour le zen en Chine. Les maîtres zen enseignaient sans l'aide d'explications rationnelles, souvent même sans parler. En revanche, ils entraient en action en balançant un bâton ou en criant. Les élèves de cette période s'attendaient constamment à l'inattendu de la part de leurs maîtres. Ils devaient élargir les limites de leur compréhension en répondant à des questions bizarres et en résolvant d'étranges énigmes. Dans les espaces qui subsistaient, laissés par la confusion ou la surprise, pouvait soudain surgir la lumière de l'illumination.

L'un des plus grands maîtres de cette période fut Ma-tsu (709-788). Son œuvre, soutenue par celle d'autres maîtres innovateurs, fut pour beaucoup dans le développement du zen en Chine et, plus tard, servit de toile de fond au zen coréen et au zen japonais.

Ma-tsu était quelqu'un de très dynamique et d'énergique. Il fut le premier maître zen à utiliser le cri pour mener ses élèves à l'illumination. Un de ses maîtres fut un élève de Hui-neng, qui mit Ma-tsu en ligne directe avec la tradition de l'éveil soudain.

Un échange célèbre entre Ma-tsu et son maître illustre bien une compréhension fondamentale de l'École du Sud. Jeune étudiant, Ma-tsu méditait avec ardeur, à la recherche d'un esprit pur. Le maître lui demanda :

« Pourquoi restez-vous assis si longtemps en méditation ?

– Parce que j'espère devenir un bouddha », répondit Ma-tsu.

Là-dessus, le maître prit une tuile et se mit à la frotter avec une pierre. Ma-tsu le regarda, intrigué.

« Que faites-vous, maître ?

– Je polis cette tuile, jusqu'à ce qu'elle devienne un miroir. »

Cette réponse n'eut aucun sens pour Ma-tsu, qui demanda :

« Comment pouvez-vous transformer une tuile en miroir ?

– Exactement ! Comment pouvez-vous faire un bouddha en tentant de purifier votre esprit ? »

Ainsi, il communiqua l'essence du zen de Hui-neng : notre nature originale est déjà pure, telle qu'elle est. Pourquoi tenter de la nettoyer ? Toute sa vie, Ma-tsu continua à enseigner que l'esprit est le bouddha.

Un des étudiants de Ma-tsu, Pai-chang (720-814), établit les règles de vie quotidienne dans un monastère zen. Tous les moines devaient prononcer des vœux pour mener une vie d'une éthique absolue. Mais les vœux n'étaient pas suffisants. Ils devaient aussi effectuer certains travaux pendant leur méditation quotidienne. Pai-chang pensait que, si notre esprit est le bouddha, nous devons être capables d'intégrer cette compréhension dans tous les aspects de la vie, y compris le travail. Après tout, Hui-neng était bûcheron.

Un jour, les élèves de Pai-chang cachèrent ses outils de jardinage pour le forcer à prendre un peu de repos. Leur maître refusa de manger, et finalement les moines n'eurent pas d'autre choix que de lui rendre ses outils. « Un jour sans travail est un jour sans nourriture », leur dit Pai-chang.

Cette phrase devint la devise de tous les monastères zen qui suivirent. Grâce au travail accompli par les moines, en cultivant, en bâtissant des monastères et en prenant en charge leurs propres besoins, le zen put évoluer de manière indépendante à travers différents climats politiques. Cette tradition monastique d'autosuffisance mit le zen à l'abri de la vague de destruction du bouddhisme qui eut lieu en Chine de 841 à 845.

Huang-po (mort en 850), connu aussi sous son nom japonais, Obaku, était un étudiant de Pai-chang. Il aida ses disciples à faire l'expérience de la vraie nature de l'esprit de bouddha : la vacuité absolue.

« Développez un esprit qui ne repose sur rien » (BLOFELD 1994). L'esprit est rempli de clarté rayonnante, aussi, rejetez l'obscurité de vos vieux concepts. Débarrassez-vous de tout (BLOFELD 1994). La voie n'est pas quelque chose que l'on peut atteindre en étudiant des sutras ou en pratiquant de pieux rituels. La perception, aussi soudaine qu'un battement de paupière, que sujet et objet sont un, entraînera une compréhension inexprimable, d'une profondeur mystérieuse. Cette compréhension vous éveillera à la vérité du zen (BLOFELD 1994).

C'est ainsi que Huang-po décrivait l'illumination.

Lin-chi, zen rinzai. Huang-po fut le professeur de Lin-chi (mort en 866), qui devint l'un des maîtres zen les plus

influents de tous les temps et fonda l'école rinzai du zen.
On peut considérer Lin-chi, appelé Rinzai en japonais,
comme un humaniste. Il croyait qu'un être est parfait tel
qu'il est. « L'homme sans rang », disait-il, estimant que rien
ne manquait. Pourquoi rechercher des titres, une position
sociale, le savoir ?

« Soyez ordinaires, conseillait-il à ses disciples. Ne vous
donnez pas de grands airs » (WATSON 1993).

L'illumination zen devait venir naturellement, de l'intérieur.

« Comme vous autres, étudiants, manquez de confiance
en vous-mêmes, vous cherchez de tous côtés quelque chose
à l'extérieur » (DUMOULIN 1990).

Il pensait que l'on devait tourner la lumière de la
conscience vers l'intérieur pour trouver la vraie voie.

Si vous cherchez quelque chose d'extérieur
Cela peut difficilement devenir vous-même !
Si vous souhaitez connaître votre esprit original,
N'essayez pas de vous unir à lui, n'essayez pas de vous en
éloigner !

(WATSON 1993.)

Lin-chi parlait à ses disciples le langage de tous les jours
mais, comme de nombreux maîtres de la période T'ang, il
s'exprimait aussi par des actes dramatiques – comme crier,
donner des coups de pied, et même frapper avec un bâton

– pour aider ses élèves à se débarrasser de leur notion rigide et contraignante de la réalité.

Un moine demanda un jour à Lin-chi : « Quelle est l'essence du bouddhisme ? »

Lin-chi leva son chasse-mouches. Le moine cria, et soudain Lin-chi le frappa. Il n'y avait pas de place pour une quelconque intellectualisation. Grâce à cette expérience instantanée, l'étudiant trouva l'éveil.

Le monastère où Lin-chi enseignait était un modeste monastère de campagne, mais ses discours furent néanmoins transcrits par un disciple de l'école rinzai, Li Tsunhsu (mort en 1038), sous forme d'un texte, le *Lin-chi Lu*, qui devint plus tard le *Rinzairoku* en japonais. L'école zen de Lin-chi prospéra, en partie parce que ses enseignements éclairés furent transmis sous forme écrite. En professant qu'il ne manquait rien à l'être humain ordinaire et sincère, Lin-chi aida des générations de pratiquants zen à découvrir que la voie du zen consistait à ce qu'ils soient fidèles à leur nature.

LA DYNASTIE SUNG EN CHINE (960-1279) : LE ZEN SE RÉPAND

Les maîtres zen les plus créatifs vécurent et enseignèrent durant la dynastie T'ang, mais le zen fut pratiqué plus que jamais durant la dynastie Sung. Il fut alors institutionnalisé et devint une religion reconnue et pratiquée au plan national. Les moines zen enseignèrent pour la première fois à la cour impériale, et le gouvernement fonda un système de temples d'État, appelé les cinq montagnes et les dix temples. Deux écoles devinrent prépondérantes : l'école Rinzai de Lin-chi et Ts'ao-tung, appelée plus tard soto au Japon.

Afin de répondre aux besoins des nombreux étudiants qui voulaient apprendre le zen, les maîtres imaginèrent de nouvelles méthodes d'enseignement. Même s'ils ne pouvaient plus accompagner chaque personne individuellement, ils voulaient rester fidèles à l'esprit du zen en apportant la transmission directe, d'esprit à esprit, la base de l'enseignement. Afin de résoudre ce problème, les histoires énigmatiques et devinettes utilisées par les maîtres T'ang furent transcrites sous forme de kung-ans (koans en japonais), c'est-à-dire de « récits publics ». Un koan d'un maître zen était donné aux élèves. Ils devaient y réfléchir en méditant, ce qui les aidait à évoluer. Les koans étaient souvent formulés de façon mystérieuse et paradoxale. Ils ne pouvaient être vraiment « pénétrés » qu'une fois la pensée consciente écartée, et l'illumination s'en trouvait stimulée. Plus tard, les koans furent rassemblés dans des livres, tels le *Mumonkan* (La porte sans porte) et le *Hekiganroku* (Le récit de la falaise bleue).

La rencontre entre Bodhidharma et l'empereur Wu fit l'objet du premier koan du *Hekiganroku*. Ces livres se répandirent au Japon et aidèrent à maintenir vivant l'esprit des premiers maîtres zen. Par la suite, le célèbre moine zen japonais Hakuin systématisa la pratique du koan, créant une méthode qui est toujours employée dans le zen rinzai. Les koans forcent l'individu à découvrir une nouvelle manière de penser. Un peu plus loin, dans ce livre, nous travaillerons à l'aide de koans.

Le rinzai et le soto différaient dans leur façon d'enseigner le zen. Les pratiquants rinzai considéraient les koans comme un enseignement dynamique. Ils nécessitaient d'actives recherches et un engagement intense afin de pouvoir atteindre, en un éclair, l'éveil (*satori* en japonais).

Un des maîtres rinzai les plus importants de la période Sung, Ta-hui (1089-1163), croyait tellement à la valeur de l'effort intérieur qu'il brûla toutes les copies du *Hekiganroku*, écrites par un membre de l'école de son professeur, parce qu'il le trouvait trop explicite. Par bonheur, une copie fut découverte deux cents ans plus tard et le livre circula de nouveau. Ta-hui développa une méthode de koan appelée hua-t'ou, dans laquelle l'essence du koan devient le cœur de la méditation, avec des résultats très spectaculaires.

Les premiers pratiquants soto critiquèrent cette application de la pratique du koan, arguant qu'une telle étude du koan risquait de détourner l'attention des étudiants de la méditation, véritable source de l'illumination. S'appuyant sur le message originel de Bodhidharma, ils affirmaient que le soudain éveil n'était pas le but. Il valait mieux pratiquer une méditation quotidienne et favoriser une conscience profonde et continue, calme et claire.

La période Sung fut le sommet de la popularité du zen en Chine. Puis, pendant la dynastie Ming (1368-1644), le zen commença à fusionner avec d'autres sectes bouddhistes.

Le bouddhisme du début aboutit au son (zen) coréen. La Corée découvrit directement le zen chinois, avant qu'il n'arrive au Japon, et il joua un rôle prépondérant dans son histoire. Le bouddhisme fut introduit durant la période des Trois Royaumes (37 av. J.-C.-668 apr. J.-C.). Les maisons royales des Trois Royaumes l'accueillirent avec l'espoir qu'il aiderait à apporter la paix et l'unité. Le bouddhisme fut facilement intégré dans la vie coréenne dans la mesure où la péninsule entretenait d'étroites relations avec la Chine.

Ce fut Won Hyo (617-686) qui popularisa le bouddhisme en Corée. Ce moine non conformiste écrivit abondamment, notamment sur la foi, qui touchait les roturiers comme les nobles. Ses textes sont toujours traduits de nos jours. Il est révéré par les maîtres zen coréens et par les bouddhistes coréens, qui le considèrent comme un grand enseignant, même s'il n'était pas conventionnel. Après avoir atteint l'illumination, il ne se retira pas dans un monastère. Au lieu de cela, il passa son temps à s'occuper des gens dans des tavernes et des endroits plutôt mal famés. Après tout, c'étaient surtout ceux-là qui avaient besoin d'aide, et non les vertueux ! Il enseigna à ses adeptes à méditer profondément pour être heureux et illuminés quelles que soient les circonstances. Il encouragea une tendance syncrétique dans le bouddhisme coréen, afin d'inciter les personnes les plus ordinaires à l'harmonie et l'acceptation de soi. L'illumination devait être accessible à tous, pensait-il fermement, et non à une élite.

LE SON CORÉEN ÉVOLUE GRÂCE À DES MAÎTRES DYNAMIQUES

Pendant la période de la dynastie T'ang, des Coréens se rendirent en Chine pour étudier le zen avec des élèves de Ma-tsu. Après avoir atteint l'illumination zen, ils retournèrent en Corée et fondèrent des monastères isolés dans des régions montagneuses très peu peuplées. Ces monastères furent appelés les écoles des Neuf Montagnes et constituèrent la structure de base du zen en Corée. Toui (mort en 825) fit bâtir le temple Porim-sa, la première des écoles des Montagnes.

LE PLUS GRAND MAÎTRE ZEN CORÉEN : CHINUL

Non seulement en Corée, mais en Chine, Chinul (1158-1210) fut reconnu comme l'un des plus grands moines zen de son pays. Il enseignait qu'il existe une intelligence sensible dans chaque personne, un principe qui se trouve derrière la vue et l'ouïe : l'esprit individuel, la nature de bouddha. Ce principe permet aux êtres humains de devenir illuminés. Dans le système de Chinul, les humains étaient capables d'utiliser tous les aspects de leur intelligence pour mener une vie illuminée. Chacun a sa place dans le grand schéma de la nature de bouddha.

Chinul exposa soigneusement les deux approches de l'éveil, graduel ou soudain. L'éveil soudain, déjà expliqué par Hui-neng, se produit dans un instant de réalisation directe et intense. Mais l'apprentissage ne s'arrête pas avec la première étincelle de compréhension. Peu à peu, avec le temps, l'étudiant développe et approfondit l'illumination. Une éducation graduelle le relie aux aspects rationnels relatifs, ou chargés de signes, de notre monde de tous les jours. Tous les phénomènes extérieurs chargés de signes nous invitent à faire l'expérience d'une compréhension plus profonde et plus vraie de l'état de sagesse absolue. Le chemin de l'illumination se trouve ici et maintenant, à travers les symboles et les mots, aussi bien que par l'expérience.

Les enseignements de Chinul étaient spécifiques et détaillés, proposant des techniques adaptées aux différentes capacités intellectuelles et spirituelles des élèves. Par exemple, il estimait que la méditation sans pensée était utile pour ceux qui avaient atteint un éveil spirituel, mais que l'intellect était nécessaire pour aider les étudiants à se défaire de leurs habitudes négatives. Cela faisait partie du processus du soudain éveil et de l'apprentissage graduel qu'il croyait essentiel pour une illumination « consistante ».

« Donc, le soudain éveil et l'apprentissage graduel sont comme les deux roues d'une charrette : aucun des deux ne peut faire défaut » (SEUNG SAHN 1987), expliquait-il à ses étudiants.

L'approche par Chinul de la technique zen accentua et développa l'adaptation analytique des koans de Ta-hui, ou hua-t'ou. Il appela cet outil de méditation *hwadu*. Le hwadu est plus court que le koan car on en retire l'histoire du koan, ne laissant que le sujet. Les élèves devaient s'entraîner à focaliser leur attention sur le hwadu dans une sorte de concentration yoguique, afin de bloquer le passage à la distraction et à l'interprétation, ce qui permettait d'approcher plus profondément l'essence du koan. L'intellect discursif était ainsi contourné. Pour Chinul, cette méthode était un chemin direct vers l'éveil.

L'école son de Chinul fut appelée le Chogye, qui est le terme coréen pour la secte de Hui-neng. Chinul proposa un groupe unifié auquel pouvaient appartenir les différentes écoles, souvent opposées, et invita les moines de ces écoles à se rencontrer dans les forêts pour former des groupes de méditation.

Bien que l'unité n'ait pas été atteinte dans le bouddhisme coréen pendant un certain temps, elle constitua un but important pour les moines à venir. T'aego Pou (1301-1382) encouragea les moines zen à se rejoindre en un seul ordre, ainsi que le décret du roi Kongmin (1345). L'unité devint peu à peu une réalité politique, mais il fallut des siècles et plusieurs décrets royaux pour y parvenir.

DERNIERS DÉVELOPPEMENTS

En Corée, la tendance a fini par se retourner contre le bouddhisme, et ceux qui ont voulu poursuivre les traditions ont dû se retirer dans les temples isolés des montagnes. Mais alors que le zen déclinait en Chine et en Corée, il connut une nouvelle vie au Japon, où il venait juste de prendre racine.

3

La période intermédiaire au Japon

Dans le monde du vraiment pur, il n'y a pas de séparation.
Pourquoi attendre encore
Une autre époque ? La tradition du Pic du Vautour est
arrivée.
L'autorité du Dharma n'a besoin d'aucune autre.

(Muso, *in* DUMOULIN 1990.)

LES PREMIERS TEMPS
DU BOUDDHISME AU JAPON

Le Japon était préparé à l'arrivée du zen par l'introduction
du bouddhisme en 552. Sous le règne de l'empereur Kinmei,
le bouddhisme fit sa première apparition dans ce pays
sous la forme d'une statue de Bouddha en or offerte à l'empereur par la Corée. Plusieurs formes de bouddhisme se
répandirent au Japon grâce à une succession d'empereurs.
Le prince Shotoku Taishi (572-621) intégra le bouddhisme
à la Constitution japonaise. Il appréciait beaucoup le sutra
Vimalakirti, qui racontait l'histoire d'un propriétaire devenu
bodhisattva. Ce sutra expliquait que même une personne
laïque pouvait trouver l'illumination, préparant ainsi le ter-
rain pour le zen. La vie quotidienne peut être l'occasion
de vivre avec des règles morales et de rester centré sur le
plan méditatif. Le prince Shotoku devint l'interprète le plus
connu du sutra Vimalakirti au Japon.

Le bouddhisme devint bientôt une institution bien établie soutenue par le gouvernement du Japon. Les moines bouddhistes obtinrent de l'influence dans les domaines politique et judiciaire. Les formes de bouddhisme shingon et tendai, encouragées par l'empereur pendant plusieurs siècles, devinrent les deux formes dominantes.

Avec le temps, les doctrines et rituels du bouddhisme évoluèrent vers une plus grande complexité. Le bouddhisme tendai mettait l'accent sur la méditation, accompagnée de rituels et d'une analyse élaborée. Au début, le zen était lié au tendai mais, pour finir, il évolua vers sa propre discipline, la tradition rinzai.

MYOAN EISAI DÉVELOPPE LE ZEN RINZAI

Le zen fut introduit au Japon par plusieurs moines entre 600 et 800 apr. J.-C., mais il se répandit seulement quand un moine bouddhiste, Myoan Eisai (1141-1215), fonda un temple zen.

Eisai avait été guidé très tôt vers une vie religieuse. Son père confia son éducation aux moines, et à l'âge de quatorze ans il entra dans les ordres, se rasa la tête, et fut ordonné sur le mont Hiei, près de Kyoto. Avec zèle, il étudia le tendai qui enseignait la « Triple Vérité » : l'absolue vérité de la vacuité, la vérité relative des phénomènes et la voie du milieu.

En avril 1168, sentant que le bouddhisme avait besoin

de réformes, Eisai entreprit un pèlerinage en Chine pour approfondir ses connaissances. Il espérait ainsi renouveler et revitaliser le bouddhisme, qui était en train de décliner au Japon. Il emmena avec lui un moine shingon du nom de Chogen (1121-1200). Ensemble, ils visitèrent le mont T'ien-t'ai, source du bouddhisme tendai, où ils apprirent que la méditation qui faisait partie de la pratique tendai était originaire des temples zen de Chine. À son retour au Japon, Eisai fonda une nouvelle branche tendai appelée yojo. Le régent Hojo Mikkyo le déclara patriarche de cette lignée.

Vingt ans plus tard, Eisai retourna en Chine pour remonter jusqu'aux racines du bouddhisme. Cependant, ses projets furent contrecarrés car on lui refusa un visa pour entrer en Inde, si bien qu'il resta en Chine pour étudier le zen. Le zen se réclamait du vrai dharma, transmis directement à travers les siècles à partir du Bouddha lui-même. Persuadé que cette florissante secte chinoise pouvait revitaliser le bouddhisme japonais, Eisai retourna sur le mont T'ien-t'ai où il trouva un maître de la secte rinzai, Hsuan Huai-ch'ang (Koan Esho, en japonais), huitième génération de la lignée Huang-lung (Oryo, en japonais) de Lin-chi (Rinzai). Il suivit ce maître quand il quitta le temple pour résider sur le mont T'ien-t'ung. À travers la méditation zen, Eisai trouva l'inspiration profonde qu'il cherchait. Il reçut un certificat, insigne de succession, en tant qu'héritier du dharma de la lignée Huang-lung.

Eisai retourna au Japon, prêt à répandre le message du dharma à travers le zen. Ayant accosté à Hirato, un port de

Kyushu, une des îles japonaises, il entreprit aussitôt de propager le zen. Eisai écrivit un traité convaincant sur la valeur du zen appelé *Kozen Gokokuron* (Traité sur la propagation du zen pour la protection de la nation, 1198). Il estimait que la grande ville de Kyoto serait le meilleur endroit pour établir le zen, mais il se heurta à la résistance des tendances tendai et shingon établies. Roben, un moine tendai de Hakasaki, Kyushu, persuada la cour impériale d'émettre un interdit à l'encontre de la nouvelle école zen d'Eisai. Celui-ci quitta la ville et, en 1195, fonda Shofoku-ji, un monastère situé à Hikata qui se trouvait sous la protection du shogun Minamoto Yoritomo. Plus tard, en 1202, il établit un temple à Kyoto, le monastère Kennin-ji, qui devint un important centre zen.

Les temples d'Eisai résistèrent au temps. On estime que c'est lui qui a instauré le zen au Japon, ainsi que le thé : il rapporta des graines de thé de Chine et planta le premier jardin à thé au sein d'un monastère. C'est ainsi que la cérémonie du thé devint un art zen.

Même si le zen d'Eisai était mêlé de tendai, il avait commencé à bien s'implanter. Ses élèves poursuivirent les traditions rinzai initiées par Eisai, ce qui permit au zen de s'enraciner plus profondément au Japon.

DOGEN ÉTABLIT LE SOTO ZEN

Un des élèves d'Eisai, Myozen, avait étudié le bouddhisme tendai avant de se joindre à lui. Il travailla avec Eisai et devint son premier disciple. À la mort de son maître, Myozen décida qu'il suivrait ses traces et partit en pèlerinage en Chine, au temple où Eisai avait trouvé l'illumination.

Dogen (1200-1253) était alors un jeune élève de Myozen au monastère de Kennin-ji. Il encouragea Myozen à faire le voyage et demanda à l'accompagner. En accostant en Chine, Dogen rencontra un cuisinier qui lui ouvrit les yeux au zen. C'était un moine tenzo – c'est-à-dire « maître des cuisines » – entre deux âges. Il était venu jusqu'au bateau pour acheter des champignons japonais pour son monastère. Dogen, qui s'intéressait à ce moine chinois, lui demanda de rester et de lui parler du bouddhisme.

Le moine tenzo répondit : « Je regrette, mais je dois retourner au monastère dès que j'aurai acheté des champignons. Sinon, les repas ne seront pas prêts. Bien que je sois déjà âgé, ma fonction consiste à m'occuper des repas. Et je n'ai pas reçu la permission de rester. »

Dogen tenta de le persuader : « Ne vaudrait-il pas mieux méditer et étudier des koans ? À quoi bon travailler si dur à faire la cuisine ? »

Le moine tenzo se mit à rire : « Étranger, vous semblez ignorer la vraie signification du zen !

– Quelle est la vraie signification du zen ? demanda naïvement Dogen.

– Lorsque vous pourrez répondre vous-même à cette question, vous comprendrez le zen », répondit le moine.

Dogen ignorait alors que le zen est dans tout ce que

nous faisons, qu'il s'agisse de cuisiner, de nettoyer ou de s'asseoir en méditation.

Il fut si ému et inspiré par ce moine que, plus tard, il considéra le poste de cuisinier comme une position honorifique dans ses monastères.

Myozen et Dogen arrivèrent au temple où Eisai avait connu l'éveil, mais Dogen ne s'estimait pas satisfait et il chercha une compréhension plus profonde. Il entendit parler de Ju-ching (1163-1228), un abbé du temple de T'ient'ung, qui était considéré comme un maître de pur zen. Par-dessus tout, celui-ci prônait la méditation en position assise, en conscience. En tant qu'adepte de la tradition T'sao-tung (zen soto), Ju-ching était contre l'usage des koans de la branche inzai et son insistance sur l'éveil soudain. Dogen passa de nombreuses heures à méditer, mais ne parvint pas à être illuminé. Un jour, alors qu'il méditait, un autre étudiant s'endormit.

« Comment espérez-vous atteindre l'illumination si vous sommeillez ? » le réprimanda le maître. En entendant ces mots, Dogen fut illuminé, comprenant soudain ce que voulait dire le cuisinier : la qualité de la pratique est la plus importante. Cette idée devint l'un des principaux axiomes du zen soto de Dogen : la pratique n'est pas séparée de l'éveil. L'éveil et la pratique sont un.

Ju-ching reconnut l'illumination de Dogen et l'envoya enseigner le zen soto au Japon en tant qu'héritier du dharma. Il l'encouragea à éviter les villes et la politique, et l'exhorta à demeurer pur par-dessus tout et à pratiquer avec ardeur. Tout d'abord, le jeune Dogen ne suivit pas le conseil de son professeur. À son retour au monastère Kennin-ji de Kyoto, il tenta de faire accepter le zen soto dans cette ville. Devant son insuccès à gagner les politiques à sa cause, Dogen se retira dans une province éloignée, où il put mieux enseigner et répandre le zen.

Dogen espérait réformer le bouddhisme au Japon en enseignant aux gens à ne rien attendre, ne rien chercher, ne pas espérer obtenir quoi que ce soit. Tout ce qui importait, c'était la pratique méditative quotidienne, consciente. Il encouragea ses disciples à renoncer à tous les attachements et à vivre une vie simple consacrée à la méditation concentrée, ou zazen (méditation assise). Ses instructions pour le zazen étaient simples : trouvez un endroit tranquille, asseyez-vous sur un coussin, jambes croisées, le corps droit, les deux pouces se joignant par leurs extrémités. Respirez de façon régulière, en oubliant tous vos attachements. Si un désir surgit, notez-le maintenant puis laissez-le s'éloigner. Comme l'expliquait Dogen : « Ceci est l'art du zazen. Le zazen est la porte du dharma du grand repos et de la joie » (DUMOULIN 1990). Quant à lui, Dogen portait des haillons – en fait, les plus sales et les plus élimés possible ! Durant toute sa vie, il fut le vivant exemple de son propre message.

Pour lui, le fait de recevoir les préceptes – règles boud-dhistes de conduite et de discipline pour mener une vie basée sur l'éthique – était absolument essentiel. Lorsqu'ils les recevaient, ses disciples s'engageaient à vivre en accord avec des lignes de conduite axées sur la compassion et l'absence d'ego. Suivre les préceptes aidait les disciples à se situer correctement par rapport à eux-mêmes et aux autres, et ouvrait la porte à une vie méditative.

Ainsi que le disait Dogen : « Comment pouvez-vous espérer devenir un bouddha si vous ne vous gardez pas des erreurs et ne vous empêchez pas de les commettre ? » (YOKOI 1990).

Tous les moines zen qui étudièrent avec Dogen promirent de respecter les préceptes bouddhistes, et encore aujourd'hui cette pratique fait partie intégrante de toute tradition zen.

Dogen enseigna à ses étudiants qu'ils pouvaient se consacrer au bouddhisme zen sans le compléter par d'autres philosophies. Contrairement à Eisai et Myozen avant lui, Dogen rompit les liens avec les branches tendai et shingon, enseignant le pur zen, et seulement le zen. Il n'y avait besoin de rien d'autre que de s'asseoir et de méditer. La base du zen de Dogen consistait à s'asseoir en zazen. Celui-ci enseignait que la pratique est l'illumination. Nous ne pratiquons pas pour devenir illuminés ; notre pratique est l'expression naturelle de notre éveil. C'est ce que Dogen expliquait dans ses écrits :

Dans le Bouddha-dharma, la pratique et la réalisation sont identiques… Ainsi, on dit au pratiquant de ne pas s'attendre à une réalisation en dehors de la pratique, car celle-ci est directement tournée vers la réalisation originale. Comme la réalisation est déjà dans la pratique, la réalisation est sans fin ; comme la pratique est dans la réalisation, la pratique est sans commencement. (Dumoulin 1990.)

LE ZEN SE RÉPAND DANS TOUT LE JAPON

Dogen fonda la branche soto du zen, école vouée à la méditation en tant que moyen suprême d'atteindre l'éveil. La branche rinzai continua à évoluer avec les élèves d'Eisai. De nombreux maîtres chinois, issus de plus de vingt branches zen pour la plupart sous le parrainage de shoguns ou d'empereurs, émigrèrent au Japon pour aider le mouvement zen à se développer.

Un système semblable à celui qui avait été établi en Chine sous la dynastie Sung – cinq montagnes, dix temples – fut institué au Japon. Le zen soto et le zen rinzai prospérèrent. Le rinzai était plutôt localisé dans les villes, tandis que les temples soto s'installaient dans les zones rurales.

Les moines zen prirent part à la vie culturelle, sociale et économique du Japon. Les monastères zen étaient tournés vers les arts et l'apprentissage, aussi les moines eurent-ils pour tâche de devenir éducateurs. Le gouvernement aida à créer des écoles dans les monastères, où l'on enseignait des sujets académiques parallèlement à la religion. Les talents artistiques étaient également développés dans le but d'enseigner le zen. Les artistes pouvaient se retirer dans le sanctuaire d'un monastère et évoluer avec la pratique des arts zen.

Le maître chinois Wu-men (Mumon en japonais, 1183-1260) rassembla des dictons, histoires et dialogues sous forme de questions-réponses dans un livre koan, le *Mumonkan*, qui fut utilisé au Japon pour enseigner le zen. Les koans étaient abondamment employés dans le zen rinzai, comme dans la Chine des Sung.

L'impitoyable rivalité qui existait entre les sectes soto et rinzai s'exprimait dans les échanges passionnés et souvent colorés qui les opposaient. La déclaration du maître rinzai Hakuin en est une parfaite illustration :

> *J'ai entendu dire que Yung-chiao était considéré comme un remarquable professeur de zen soto... Ne buvez pas comme du petit-lait la bave de renard qu'il vient de vomir devant vous.* (WADDELL 1994.)

Les pratiquants soto mettaient l'accent sur le zazen comme pratique centrale, contrairement aux pratiquants rinzai, qui insistaient sur les koans en même temps que d'autres pratiques. Les adeptes soto reprochaient au rinzai de se perdre dans la contemplation des koans. Quant au rinzai, il reprochait au soto de se perdre dans la contemplation des murs.

En dépit de ces chicaneries, les différences entre rinzai et soto n'étaient pas clairement définies. Les pratiquants rinzai méditaient tout en travaillant sur des koans, et les pratiquants soto employaient parfois des koans pour centrer leur méditation.

Bankei (1622-1693), éminent professeur zen de la ligne rinzai, jeta un pont entre les traditions des deux branches principales. Bien que moine rinzai, il parlait très peu de l'étude des koans dans ses discours et dans ses dialogues. Au lieu de cela, il insistait sur l'éveil soudain. Bankei développa le concept de « l'esprit qui n'est pas encore né ».

L'esprit qui n'est pas encore né est vide de contenu – c'est la nature primordiale de l'esprit, le Vrai Moi. Par exemple, si vous voyez une voiture foncer sur vous sur la route, vous sautez immédiatement sur le côté. Que vous soyez riche ou pauvre, homme ou femme, votre réaction est la même. C'est cela, l'esprit qui n'est pas encore né : réagir immédiatement et sans pensée. Une fois orienté dans ce sens, l'élève de zen est sur la voie.

HAKUIN, LE MAÎTRE RINZAI
LE PLUS INFLUENT DU JAPON

Hakuin (1685-1768) fut l'un des plus grands maîtres zen du Japon. Alors qu'il passa presque toute sa vie dans un petit temple situé dans son village, son influence se répandit dans tout le pays – et même, maintenant, en Occident.

Né dans le village agricole de Hara, près du mont Fuji, Hakuin entra dans les ordres à l'adolescence. Il eut la tête rasée au temple du village Shoin-ji, devant le moine Tanrei qui lui donna le nom bouddhiste d'Ekaku. Après quatre ans d'étude dans ce temple, Hakuin fut autorisé à développer sa compréhension en voyageant. Il visita de nombreux temples, recevant les enseignements de maîtres soto et rinzai, jusqu'à ce qu'il arrive à l'ermitage montagnard de Shoju.

Par la suite, Hakuin écrivit qu'il s'était promené dans tout le pays, par-delà les montagnes et les rivières du Japon, jusqu'à ce qu'il trouve ce minuscule ermitage, au cœur de la forêt de Narasawa. C'était là que résidait maître Shoju, connu aussi sous le nom de Shoju Etan (1642-1721). Ce maître zen dynamique, tourné vers l'action, communiqua à Hakuin l'esprit zen. À l'âge de vingt-quatre ans, celui-ci obtint sa première illumination. Mais il ne s'arrêta pas là et continua à approfondir sa compréhension.

Des élèves commencèrent à venir au temple de Hakuin pour apprendre auprès de lui. Au début, celui-ci enseigna à contrecœur, car il estimait qu'il n'était pas encore capable d'intégrer l'illumination dans sa vie quotidienne. Mais il eut une expérience cruciale d'éveil, qui le transforma. Ses doutes se dissipèrent et il se sentit complètement libéré dans tous les aspects de sa vie.

Ensuite, Hakuin consacra son énergie à aider les autres à atteindre l'éveil et, pour finir, il chercha à guider la société vers la voie de l'amélioration. Son engagement fervent et passionné envers la méditation zen lui attira des adeptes venus de tout le Japon. Les élèves affluaient vers le village, campant souvent autour du temple.

Hakuin ne se contenta pas d'enseigner le zen, il écrivit aussi plus de cinquante ouvrages, discours et commentaires complexes ou simples chants. De plus, il composa des milliers de peintures à l'encre et de calligraphies. Il peignait en appliquant les simples techniques zen. Le travail et l'existence de Hakuin sont l'exemple vivant de l'expérience illuminée.

Hakuin revitalisa et réorganisa le système des koans, et on lui attribue le plus célèbre de tous : « Quel est le son d'une main qui claque ? » Avec son disciple Gasan Jito (1727-1797) et plus tard ses héritiers Inzan Ien (1751-1814) et Takuju Kosen (1760-1833), il organisa l'ensemble des koans en un système cohérent convenant à l'étude et à l'analyse. Ses disciples continuèrent à structurer les koans de manière hiérarchique et établirent des catégories de réponses formelles. Les phrases à un, deux ou trois mots furent aussi cataloguées. Le système Hakuin incluait des réponses acceptables, les *jakujo*, pour résoudre les koans.

Pour effectuer une classification en catégories, Hakuin utilisait les cinq rangs, un ensemble de concepts symboliques consacrés qui permettait l'ouverture requise dans les constructions zen tout en donnant une image hiérarchique rendant possible l'évaluation des progrès des élèves sur la voie. Paradoxalement, les cinq rangs furent créés à l'origine par Tosan, l'un des deux fondateurs du zen soto. Hakuin a tout simplement intégré ce système à son propre enseignement.

Hakuin mena une existence longue et productive et mourut à l'âge de quatre-vingt-trois ans. C'était un enseignant zélé, actif et passionné, ouvert à qui voulait venir, et il demeure une des figures dominantes du zen. La plupart des lignées rinzai se réclament de lui.

Le message de Hakuin. Les œuvres de Hakuin étaient puissantes, ses enseignements passionnés et persuasifs. Il disait souvent à ses élèves : « Aucun doute làdessus, le zen est un formidable engagement » (WADDELL 1994).

Il s'adressait aux gens ordinaires plutôt qu'aux lettrés, exhortant tous les pratiquants à accomplir une pratique engagée, authentique et assidue. Tout le monde peut devenir illuminé, à condition de faire suffisamment d'efforts. Hakuin encourageait ainsi ses disciples :

> *Mais une fois que quelqu'un a fait le vœu d'atteindre l'illumination, peu importe les épreuves qu'il affrontera, même s'il a besoin de trente ou quarante ans d'efforts ardus, il arrivera au but sans coup férir et atteindra le niveau d'éveil qui a été réalisé et confirmé par les patriarches zen avant lui.* (WADDELL 1994.)

Hakuin poussait ses auditeurs à s'efforcer obstinément de pénétrer leur vraie nature en découvrant le sens des koans. Il encourageait la foi, provoquait le doute et incitait tout le monde à rechercher l'éveil avec ténacité.

*Donc, un prêtre des temps anciens, Kao-feng Yuan-miao, dit :
« Une personne qui s'engage dans la pratique du zen doit
être munie de trois choses essentielles : une grande foi, un
grand doute et une grande ténacité. S'il manque un de ces
trois points, c'est comme si l'on avait un trépied avec seulement deux pieds. »* (WADDELL 1994.)

Les discours et les écrits de Hakuin étaient souvent polé-
miques. Il critiquait les individus pour les erreurs qu'ils
commettaient dans la pratique, afin de montrer, par un
vivant contraste, la voie.

Bien qu'il permît d'autres formes de bouddhisme, il
considérait le zazen comme supérieur, plus direct et plus
authentique que toutes les autres voies.

Le message de Hakuin est un message optimiste : nous
avons tout ce qu'il nous faut, ici et maintenant, pour être
illuminés et libres. Le paradis est maintenant, ici. Nous
devons nous réveiller et vivre en lui, sans le chercher à
l'extérieur, en nous tournant vers d'autres pratiques. Son
approche impliquait à la fois le soudain éveil grâce à des
découvertes capitales, et la recherche continuelle d'un éveil
de plus en plus profond. La voie montrée par Hakuin est
devenue le cœur du zen rinzai.

Au dix-huitième et au début du dix-neuvième siècle, le zen faisait partie intégrante de la culture japonaise. Le gouvernement du shogun Tokugawa embrassa le bouddhisme et mit sur pied une structure institutionnalisée qui incluait chaque temple dans une hiérarchie, de sorte que les temples secondaires soient en dessous des temples principaux, chaque niveau étant responsable de celui du dessous. Le temple de Hakuin, temple secondaire d'un temple secondaire, faisait partie de ce système, vital, à sa petite échelle, pour le tissu social japonais. Au Japon, le nombre de temples bouddhistes passa de 13 037 pendant l'ère Kamakura (1185-1333) à 469 934 sous l'ère Tokugawa (1600-1868) (KITAGAWA 1966).

Le zen hakuin se poursuivit en ligne directe à partir de son fondateur, utilisant les koans par étapes pour aider les pratiquants à grimper une échelle hiérarchique menant à un éveil de plus en plus profond. Dans le même temps, les monastères de zen soto continuèrent à éduquer les masses, non seulement sur le zen, mais sur des sujets académiques de base. À l'aube du vingtième siècle, le système éducatif inclut aussi des méthodes occidentales. Les écoles soto furent fermées et remplacées par le système scolaire moderne qui existe aujourd'hui au Japon.

L'interaction du soto et du rinzai continua pendant la longue ère moyenâgeuse japonaise. Après la désintégration graduelle de la structure féodale durant la péroide Meiji

(1868-1912), le rétablissement de l'empereur et la formation d'un gouvernement centralisé apportèrent un renouveau au zen, considéré comme trésor national. Il fut combiné au shintoïsme local et au confucianisme, depuis longtemps intégrés à la société japonaise.

4

Le zen pénètre dans l'âge moderne

Les prêtres du futur, peut-être, apprendront non seulement à célébrer l'Eucharistie, mais à guider le fidèle dans la méditation, à la manière d'un gourou oriental. (GRAHAM 1974.)

LE ZEN EST INTRODUIT EN OCCIDENT

Daisetsu Teitaro Suzuki (1870-1966), pratiquant japonais et professeur de zen, a eu une profonde influence sur l'introduction du zen en Occident.

C'est en 1893, à l'âge de vingt-trois ans, que Suzuki vint pour la première fois en Occident, pour servir d'interprète à son professeur, Shaku Soyen (1859-1919), pendant le premier parlement mondial sur la religion qui avait lieu à Chicago. C'était aussi la première fois que le bouddhisme zen était présenté à des Occidentaux. Paul Carus, éditeur présent à la conférence, fut si impressionné par les perspectives orientales qu'il décida de publier des traductions en anglais de nombreux textes orientaux. Shaku Soyen recommanda Suzuki pour la traduction. Finalement, Suzuki séjourna dix ans aux États-Unis, dans la maison de Paul Carus, traduisant livres et sutras dans les domaines du taoïsme, du bouddhisme et, pour finir, du zen.

Quand il eut terminé son travail pour Paul Carus, Suzuki regagna le Japon. Il enseigna l'anglais dans plusieurs universités tout en continuant à traduire des ouvrages bouddhistes. Il épousa Beatrice Erskine Lane, une Américaine, en 1911. En 1921, on lui offrit une chaire de professeur d'études bouddhistes à l'université d'Otani et il publia un journal, *The Eastern Buddhist*. Il ne commença pas à écrire des ouvrages en anglais sur le zen avant la cinquantaine, mais continua à écrire de manière prolifique sur le sujet pendant plus de quarante ans. À l'âge de soixante-trois ans, l'université d'Otani lui attribua un doctorat en littérature. Suzuki donna des conférences dans le monde entier, y compris en Chine, en Angleterre et en Europe. Aux États-Unis, il parla dans de nombreuses universités et enseigna à Columbia pendant plusieurs années.

Suzuki continua sur la voie qu'il avait ouverte, jetant un pont entre l'Est et l'Ouest, articulant les concepts du zen, le bouddhisme mahayana et la pensée taoïste. La plupart des cent vingt-cinq livres et articles qu'il écrivit traitaient des enseignements et de la pratique du zen rinzai, de l'interrelation du zen et de la culture, et il réalisa même une étude de la pensée du mystique allemand, Maître Eckhart, en relation avec le zen. Il puisait ses références dans le zen rinzai, mais presque tout ce qu'il écrivit s'appliquait aussi bien aux pratiquants soto, puisque les deux écoles sont liées aux premiers maîtres classiques grâce à Hui-neng.

Suzuki eut une vie longue et productive et influença de nombreux écrivains zen, aussi bien aux États-Unis qu'en

Europe. Le but de sa vie fut d'éclairer la voie du zen en le rendant accessible à des lecteurs et des étudiants occidentaux à travers des histoires traditionnelles, des koans et des récits historiques ainsi que des conceptualisations philosophiques le comparant à des équivalents occidentaux. Son œuvre contribua grandement à l'acceptation et à la compréhension du zen en Occident.

LES IDÉES DE SUZUKI SUR LE ZEN

Suzuki décrivit clairement la vie zen dans ses nombreux écrits. Il expliqua en détail des termes clés nécessaires à la compréhension du zen et de ses principes, ainsi que des actions basées sur ces principes.

Mais Suzuki estimait que des méthodes systématiques pouvaient être contraignantes. Selon lui, le maître zen devait enseigner en fonction des besoins de chacun. La diversité des échanges possibles entre étudiant et professeur est pratiquement infinie, et seulement limitée par les besoins, les personnalités et les circonstances. Le maître zen cherche à amener l'étudiant à la réalisation de l'éveil, le vrai moi, à travers l'expérience du satori. Suzuki expliquait comment y parvenir à travers des histoires, des koans, et même les habitudes quotidiennes, les rituels et les activités des moines. Il expliquait que le zen pouvait s'exprimer dans une vie vertueuse et guidée par l'éthique, qu'il appelait la « vertu secrète » (D. T. Suzuki 1994), en accomplissant un acte pour le plaisir, et non pas dans l'attente d'une réciprocité. L'acte de donner est une expression de sunyata, la vacuité. On fait ce qui doit être fait, sans rien en attendre en retour. Suzuki rapprochait cela de l'esprit de charité chrétienne, donnant l'exemple de Mère Teresa qui s'occupait de ceux dont personne ne se souciait.

Pour ce qui est de l'illumination, Suzuki suivait la position de Hui-neng sur l'éveil soudain et mettait l'accent sur les méthodes zen susceptibles d'y parvenir. Il recensait cette expérience en différentes catégories afin de différencier un fonctionnement mental d'un autre.

L'un des thèmes les plus intrigants de Suzuki concernait l'esprit inconscient. En effet, il croyait que le fonctionnement mental de l'éveil était inconscient, tout en étant intelligent. Par inconscient, il voulait parler du non-conscient : prajna, une capacité de sagesse intuitive qui s'accorde à la nature des gens et des choses. Le raisonnement conscient et la pensée analytique ne peuvent pas mener à l'éveil (voir chap. 6). « L'acte le plus élevé de notre conscience consiste à pénétrer tous nos dépôts conceptuels et à lire la base de prajna : l'inconscient » (SUZUKI 1972).

Fidèle au zen, Suzuki constitue un paradoxe : c'est un érudit ayant un bagage académique et utilisant l'intellect pour exprimer le non-intellectuel, l'empirique. Il se servit du cadre de l'université pour communiquer la compréhension zen intuitive à quantité de gens, et de concepts pour exprimer le non-conceptuel.

En posant la question de définir ce qu'est le zen, Suzuki aida à en communiquer ses principes.

LES MAÎTRES ZEN EN OCCIDENT

À la suite de D. T. Suzuki, de nombreux maîtres vinrent enseigner le zen en Occident. Shunryu Suzuki (1905-1971), célèbre moine et professeur de zen soto, vint en visite aux États-Unis en 1958. Devant l'intérêt sincère des Américains pour le zen, il décida de s'installer à San Francisco. Son groupe de méditation original exerça en trois endroits, incluant le San Francisco Zen Center.

D'un naturel calme et modeste, Shunryu Suzuki était conscient sur le plan méditatif, instant par instant. Il disait à ses étudiants : « Si vous continuez cette simple pratique chaque jour, vous obtiendrez un merveilleux pouvoir. Avant que vous l'atteigniez, c'est quelque chose de merveilleux, mais une fois que vous l'avez atteint, ce n'est rien de spécial » (S. Suzuki 1979).

Il appelait la pratique « l'effort du cœur unifié » et conseillait, même si vous vous sentiez confus ou trouviez difficile d'empêcher votre esprit de vagabonder, de continuer à rester assis pour méditer. « C'est par une pratique continue, par une succession de situations agréables et désagréables, que vous réaliserez la moelle du zen et acquerrez sa vraie force » (S. Suzuki 1979).

Le maître zen coréen Seung Sahn (né en 1927) vint

à Providence, dans Rhode Island, en 1972. Il inspira de nombreux étudiants de l'université de Brown, qui l'aidèrent à fonder le Providence Zen Center, qui fait maintenant partie de la Kwan Um School of Zen, formée en 1983. Depuis, son zen coréen s'est répandu aux États-Unis et en Europe.

Seung Sahn a mis au point une méthode d'enseignement qui emploie un langage direct pour cristalliser le sens du zen. Il conseille à ses étudiants de « seulement aller droit » et de développer « l'esprit qui ne sait pas ». Il l'explique ainsi :

> *Comment comprenez-vous votre être véritable ? Qu'est-ce que vous êtes ? Le savez-vous ? Si vous ne le savez pas, allez seulement droit – sans savoir. Alors, cet esprit qui ne sait pas coupera toute pensée, et votre situation seulement moi, votre condition seulement moi et votre opinion seulement moi disparaîtront. Alors, votre situation correcte, votre condition correcte et votre opinion correcte apparaîtront. C'est très simple.* (SEUNG SAHN 1992.)

LE ZEN S'INTÈGRE AUX TRADITIONS OCCIDENTALES

> *Si seulement nous savions, dans le monde occidental, à quel point notre vie renferme en elle les graines du zen. Malheureusement, nombre d'entre nous passent leur vie à nier ce fait avec, pour résultat, de nier une part importante d'eux-mêmes.* (HALL 1983.)

Aujourd'hui, le zen est en train de trouver sa place en Occident. Le zen peut être pratiqué parallèlement à d'autres croyances et religions, comme en Orient. Au Japon, en Corée et en Chine, on adhérait souvent au bouddhisme, au confucianisme et au taoïsme en même temps. D'où le dicton : « Trois pratiques, une voie. »

En Occident, le zen peut s'entremêler de façon créative avec la tradition judéo-chrétienne. Les moines catholiques romains de l'abbaye de Gethsémani tiennent des séances de méditation régulières avec des moines zen. Ces moines catholiques vivent dans une sincère simplicité depuis la fondation de leur ordre, en 1098. En ce vingtième siècle, ils trouvent que la méditation zen améliore leur propre pratique.

Frère Benjamin, de l'abbaye de Gethsémani, explique ainsi les points communs avec le zen :

La joie de Dae Soen Sa Nim, son énergie, son enseignement direct allant au cœur du sujet trouvent une résonance dans notre tradition monastique cistercienne… On se lève à trois heures du matin pour chanter des psaumes dans le chœur. Pourquoi faisons-nous cela ? Si vous interrogez le maître zen, il vous répond : « Contentez-vous de chanter. Point n'est besoin de noter la performance. » (SEUNG SAHN 1992.)

De plus en plus, la méditation s'intègre de manière significative dans les multiples facettes de la vie quotidienne, aidant toutes sortes de gens à vivre avec une plus grande conscience et plus de sensibilité. La voie est ouverte à tous.

La Grande Voie n'a pas de porte,
Des milliers de routes y mènent
Une fois que l'on aura passé cette porte sans porte,
On marchera librement entre le ciel et la terre.

(*Mumonkan, in* Reps 1994.)

LES THÈMES ZEN

Concepts zen
Vides mais non vides
Sagesse sans mots
Au-delà de toute pensée.
(C. ALEXANDER SIMPKINS.)

On emploie souvent des thèmes et des concepts pour aider à la compréhension d'un sujet. Pour le zen, les concepts peuvent indiquer la direction de la voie, mais ils ne sont jamais le chemin lui-même. En lisant la deuxième partie, considérez ces concepts comme des guides qui vous indiquent la bonne direction, loin de la pensée superficielle, à la recherche de votre vraie nature profonde que l'on trouve dans la conscience méditative de l'expérience directe. De même qu'une boussole vous guide à travers des eaux inexplorées, ces thèmes vous aideront à diriger votre barque vers l'éveil.

5

Au-delà des mots et des objets, vers l'éveil par soi-même

Une tradition spéciale en dehors des écritures. Aucune dépen-dance aux mots ni aux lettres. Viser directement l'âme de l'homme. Voir dans sa propre nature et atteindre la boud-dhéité. (Bodhidharma, *in* SIMPKINS & SIMPKINS 1996.)

Cette célèbre formulation résume à elle seule le zen : l'éveil par soi-même au-delà des mots. Se tourner directement vers sa vraie nature est une expérience non conceptuelle qui touche au cœur de l'être et implique la connaissance intuitive plutôt que l'analyse interprétative.

Pourtant, les milliers de volumes écrits sur le zen à tra-vers les âges attestent que les mots et les concepts ont aussi leur place. Bien que les maîtres zen semblent souvent les dénigrer, les mots et les concepts sont un outil précieux dans le zen. Le maître rinzai Ta-hui l'explique ainsi :

Il existe deux sortes d'erreurs que l'on trouve fréquemment chez les adeptes du zen, qu'ils soient laïques ou moines. L'une est de croire que des choses merveilleuses sont cachées dans les mots et les phrases, et ceux qui le pensent essaient d'apprendre beaucoup de mots et de phrases. L'autre est à l'opposé et consiste à oublier que les mots sont le doigt pointé en direction de la lune… C'est seulement lorsque ces deux erreurs auront été rectifiées qu'il y aura une chance de progrès réel dans la connaissance du zen. (D. T. Suzuki 1994.)

Dans la culture occidentale, on considère comme un fait établi que le langage correspond à des objets du monde réel. Un mot est relié à un objet, et un objet à un mot descriptif. Par exemple, le mot « livre » correspond au livre que vous tenez dans les mains. Le zen a une perspective différente. Dans le zen, les mots sont employés comme des cartes qui indiquent une région, mais ils ne sont qu'une carte, une abstraction. Les bouddhistes zen disent clairement que l'on ne doit pas confondre les mots avec ce qu'ils indiquent, le territoire. En fait, d'après le bouddhisme zen, la dépendance aux mots et aux concepts est souvent intimement liée à nos problèmes. On peut se retrouver emmêlé dans un réseau confus d'abstractions. L'interprétation à travers le langage est transitoire et relative ; les mots nous séparent du monde. En revanche, l'expérience directe nous ramène à la vraie nature de la vie, à la réalité, et à nous-mêmes.

Ce concept est illustré par le koan suivant. Fa-yen (885-958) était le maître zen chinois de l'une des Cinq Maisons du zen (maison de Fa-yen) qui se développa durant la dernière moitié de la dynastie T'ang. À l'époque de cette histoire, Fa-yen vivait seul dans un petit temple, à la campagne. Quatre moines de passage lui demandèrent s'ils pouvaient se reposer dans sa cour et faire du feu. Fa-yen accepta. Tandis qu'ils assemblaient du bois, Fa-yen les entendit discuter de la différence entre le subjectif et l'objectif, et vit là une occasion de leur enseigner le zen. Il demanda : « Voyez-vous cette grosse pierre, là-bas ? Est-elle à l'intérieur ou à l'extérieur de votre esprit ? » Un des moines répondit : « Si l'on considère le point de vue bouddhiste, puisque, en fin de compte, tout ce que nous percevons dérive de l'esprit, je dirai que cette pierre est une " objectification " de mon esprit. – Dans ce cas, votre tête doit peser très lourd si vous devez porter cette grosse pierre avec vous ! » répondit avec humour Fa-yen.

INDIQUER LA VOIE

Comment le zen se sert-il du langage pour aider les étudiants à trouver leur voie ? Au lieu d'enseigner de manière didactique, les maîtres zen guident leurs étudiants indirectement, par des actes, des histoires, et même le silence. À l'origine, les patriarches zen et leurs héritiers du dharma créèrent des aides pour l'enseignement, communiquées d'une manière spécifiquement zen. Comme une barque qui vous aide à traverser la rivière, le langage descriptif peut vous faire accoster. Mais ensuite, vous devez abandonner la barque derrière vous et partir à l'aventure à pied. Pendant des siècles, les collections de koans comme *Hekiganroku* et *Mumonkan* ont aidé à transmettre aux étudiants les enseignements fondamentaux des Patriarches ch'an chinois.

Les histoires éducatives agissent à plusieurs niveaux. La première lecture d'une histoire zen peut être une fenêtre ouverte sur l'expérience zen. Prenons par exemple une scène de l'histoire de Mahakasyapa souriant tandis que Bouddha levait une fleur devant son assemblée de disciples (la première transmission). La transmission d'esprit à esprit s'effectua entre les deux hommes. Tout en lisant cette histoire, vous pouvez visualiser la scène dans votre propre esprit. Vous imaginez peut-être un groupe important de personnes habillées en robes orange, assises sur le sol jambes croisées, face à un homme tenant une fleur, silencieux, souriant. Vous parcourez le groupe du regard et voyez une expression sérieuse sur tous les visages sauf un, celui d'une personne qui, elle aussi, sourit.

Si vous mettez de côté toute analyse rationnelle, cette scène vous rappellera peut-être un souvenir personnel, un moment de votre vie où vous avez éprouvé un soudain éclair de compréhension sur un sujet que l'on vous avait enseigné. Votre professeur a peut-être dit ou fait alors quelque chose qui a rendu l'enseignement très clair. La compréhension jaillit de votre intuition. Vous avez un aperçu de l'esprit de votre professeur, ce qui inspire votre propre compréhension. La transmission d'esprit à esprit agit alors, comme dans le zen, à une plus petite échelle.

L'USAGE DES KOANS

Le zen rinzai a utilisé le système des koans pour aider les étudiants à développer la conscience éveillée que l'on appelle l'éveil. La tradition des koans, popularisée par Ta-hui en Chine et affinée par Hakuin et ses disciples au Japon, a permis la transmission du zen, depuis l'esprit des Patriarches originels et des maîtres T'ang, jusqu'aux étudiants de notre époque. Même le zen soto, axé sur la méditation zazen, se réfère à des histoires de maîtres zen, souvent racontées par les maîtres à leurs étudiants pendant leurs discussions sur le dharma. D.T. Suzuki explique l'importance des koans :

> *L'idée est d'exposer la psychologie zen à l'esprit du non-initié et de reproduire l'état de conscience dont ces koans sont l'expression. C'est-à-dire que, quand les koans sont compris, est compris aussi l'état d'esprit du maître, qui est satori, et sans lequel le zen est un livre scellé.* (D. T. Suzuki 1994.)

Ruth Fuller Sasaki fut l'une des premières femmes occidentales à s'impliquer dans le zen. Elle fonda le First Zen Institute of America à New York en 1930, perpétuant la tradition rinzai qui employait abondamment les koans. Elle s'en explique ainsi :

> *Le koan n'est pas une devinette qu'il faut résoudre grâce à un esprit agile. Ce n'est pas une formule verbale liée à la psychiatrie et faite pour bouleverser l'ego désintégré de l'étudiant en lui donnant quelque stabilité. Ce n'est pas non plus,*

à mon avis, une formulation paradoxale, excepté pour ceux qui le voient de l'extérieur. Lorsque le koan est résolu, il se trouve qu'il est une affirmation simple et claire de l'état de conscience qu'il a aidé à éveiller. (SASAKI et MIURA 1965.)

Voici un koan caractéristique du *Mumonkan*, 24. Un moine demanda à Fuketsu (896-973), l'un des héritiers du dharma de Lin-chi : « Sans mots, et sans non-mots, pouvez-vous m'expliquer l'éveil ? » Fuketsu répondit : « Je ne peux pas oublier le printemps à Konan, lorsque les oiseaux chantaient et que les fleurs répandaient leur parfum ! »

La littérature zen abonde en koans de nombreux maîtres zen, et les étudiants d'aujourd'hui prennent part à ces expériences comme ceux d'autrefois. On ne donne pas d'explications. Au lieu de cela, on demande aux étudiants de méditer soigneusement sur l'histoire sans analyser ni avoir recours à la pensée rationnelle. L'histoire elle-même offre l'opportunité de découvrir ce qui est au-delà des mots.

Dans le zen, l'apprentissage est non conceptuel, direct, et difficile à articuler. Les concepts, les étiquettes et les jugements rationnels interfèrent avec l'acte spontané, éclairé. Le maître japonais Kosen (1816-1892) eut à faire face à cette situation, un jour, dans son temple.

Une large enseigne en bois sculpté est suspendue devant le temple Obaku (Huang-Po) de Kyoto. On peut y lire : « Le premier Principe ». C'est maître Kosen qui traça le modèle des lettres qu'il voulait faire sculpter par des artisans. À l'époque, un étudiant le regardait faire.

« Ce n'est pas très bon », conclut-il.

Kosen recommença.

« Et maintenant ? demanda-t-il.

– C'est encore pire ! »

Kosen continua à écrire, page après page, mais l'étudiant critiquait chacune d'elles. À la fin, il s'excusa un moment pour aller à l'intérieur, laissant Kosen seul. Celui-ci se dit : « C'est le moment ! » Il écrivit alors d'une main sûre et rapide, l'esprit débarrassé de tout jugement. Lorsque l'étudiant revint, il ne put dire que : « Parfait ! »

Le zen nous libère de la distraction, des concepts restrictifs qui nous inhibent et nous contraignent, nous rendant mal à l'aise et nous éloignant de notre nature profonde. Sans ces restrictions qui nous bloquent, tout devient possible. La tâche de l'étudiant consiste à « pénétrer » le koan. Il doit y penser nuit et jour, comme une personne privée de boisson par une brûlante journée d'été est obsédée par l'eau.

Nan-ch'uan (Nansen en japonais, 748-835) fut un étudiant direct de Ma-tsu et le sujet de plusieurs koans. Dans le *Mumonkan*, 27 – « Ce n'est pas l'esprit, ce n'est pas Bouddha, ce ne sont pas des choses » –, un moine demanda à Nan-ch'uan : « Y a-t-il des enseignements qui n'ont pas été enseignés auparavant ?

– Oui, répondit Nan-ch'uan.

– Alors, quelle est cette vérité qui n'a pas été enseignée ?

– Ce n'est pas l'esprit, ce n'est pas Bouddha, ce ne sont pas des choses. »

En étant confrontés aux mêmes dilemmes que ceux que les premiers maîtres présentaient à leurs disciples, les étudiants contemporains passent par des expériences similaires. Tout d'abord, ils ont tendance à faire appel à leurs modes de raisonnement habituels, comme s'ils devaient résoudre une énigme rationnelle. Cela ne les mène nulle part, ce qui les plonge dans un profond sentiment de doute au sujet de tout ce qu'ils ont appris auparavant. C'est exactement ce que le koan est censé faire : ébranler la satisfaction procurée par leur mode de pensée ordinaire. À force de continuer à se concentrer sur le koan, ils finissent par percer l'inconscient, ce que C.G. Jung appelait « le grand éveil » (DUMOULIN 1988).

LES INDICATIONS SANS PAROLES : LES CRIS ET LES COUPS

Les maîtres zen chinois Ma-tsu et Lin-chi avaient souvent recours aux cris et aux coups pour répondre aux questions de leurs étudiants. Cela créait une tension chez ces derniers, qui ne savaient jamais à quel moment ils risquaient d'être frappés par le maître. Le but n'était pourtant pas de terroriser les élèves, mais de leur faire connaître une expérience directe, sans mots, non conceptuelle. Si vous vous rappelez une fois où vous avez été surpris par quelque chose – par exemple, une balle vous a été lancée sans que vous vous y attendiez – vous avez sans doute tendu les bras et l'avez attrapée sans réfléchir. C'est ce que Bankei appelle « l'esprit non né ». C'est cette sorte de conscience non rationnelle que le zen aide à éveiller. Il est arrivé fréquemment que les élèves frappés par le bâton de Lin-chi découvrent l'éveil soudain.

Voici un échange caractéristique entre Lin-chi et un étudiant.

Le maître dit à une nonne : « Bien venue, ou mal venue ? »
La nonne poussa un cri.
Le maître prit son bâton et dit : « Parlez donc, parlez ! »
La nonne cria de nouveau.
Le maître la frappa.

(WATSON 1993.)

Comme tout outil d'enseignement, les koans, les cris et les coups de bâton ne sont pas la conscience elle-même. Ce sont des aides pour inciter les étudiants à l'éveil. Les mots peuvent indiquer l'expérience, comme le doigt pointé indique la lune, mais ils ne peuvent devenir l'expérience elle-même. (Voir chap. 9 pour faire l'expérience des koans.) Lorsque vous méditez sur des koans, ne confondez pas le moyen avec la fin… ou le commencement. Employez-les comme un véhicule utile pour vous aider à atteindre l'autre rive.

Il y a plusieurs chemins qui mènent à l'éveil zen, proposés par différentes écoles. Bien que tous les bouddhistes zen acceptent l'idée que l'Esprit est le Bouddha, et que la sagesse trouvée dans la conscience pure est déjà en nous, il existe des différences dans la façon de le réaliser. Les pratiquants rinzai croient que les êtres ont des barrières qui doivent être brisées par une dévotion rigoureuse et absolue. Pour aider les étudiants le long du voyage, le zen rinzai utilise des koans qui constituent des étapes à franchir.

Dès qu'ils entrent dans un monastère, les étudiants reçoivent un koan et doivent travailler dessus. Chaque jour, ils voient le professeur pour une courte séance, appelée *dokusan*. L'étudiant dit alors au maître ce qu'il ou elle pense que le koan exprime. D'après sa réponse, le maître peut dire s'il progresse sur la voie. Dès que l'élève maîtrise un koan, on lui en donne un autre. Les écoles rinzai présentent cinq rangs, ou niveaux, de koans. Après que le Cinquième Rang (Mu) a été pénétré, certaines écoles rinzai, comme le zen Mountain Monastery de New York, présentent les préceptes et les enseignements du Bouddha en les traitant comme un koan. Les élèves méditent dessus pour apprendre à vivre vraiment l'éveil, en agissant à chaque instant d'un point de vue éthique.

Le zen soto n'encourage pas à découvrir la conscience éveillée de cette façon. Pour ses pratiquants, seul le zazen (shikantaza) est le chemin le plus direct. Les koans sont un moyen de centrer son attention tout en étant assis en méditation. En fait, il n'est pas nécessaire d'être littéralement assis. La station debout, la marche, le travail offrent autant d'opportunités de s'engager sur la voie. Ainsi, le chemin est clair. L'engagement acharné de Dogen envers le zazen a inspiré de nombreuses générations qui continuent à suivre son exemple. Les moines soto sont tout aussi engagés que les moines rinzai, mais leur routine quotidienne est quelque peu différente. Méditation et travail constituent les principales activités des monastères soto, où l'on utilise peu les koans.

Le voyage de découverte est emprunté depuis des siècles. Une conscience profonde et claire ouvre à une nouvelle expérience, transformant la personne. Comme le disait Bodhidharma : « L'ouverture de l'œil interne est la porte du Grand Véhicule » (PINE 1989). Tout est différent, et pourtant, rien n'est différent. C'est le paradoxe de l'éveil.

6

La vacuité : même « rien » n'existe pas

Quand votre esprit n'est plus du tout obscurci, quand les nuages de la confusion se dissipent, il y a le vrai vide. (MUSASHI 1974.)

Dans le zen, la vacuité est fondamentale, comme dans l'illumination du Bouddha. Les histoires, traditions, coutumes et échanges avec les maîtres peuvent être parfois magnifiques et mystérieux, mais, comme pour des boîtes, leur utilité tient au vide qui les compose. L'interrelation des différentes parties du zen crée le vide. Un des sutras qui y fait référence, le sutra du Cœur, dit : « La forme est le vide, le vide est la forme. »

LA DÉCOUVERTE DU « RIEN »

Le concept du « rien » avait été mis en exergue par les philosophes orientaux depuis des milliers d'années mais, comme les trous noirs dans l'espace, il n'était pas compris. Les mathématiciens d'alors n'avaient pas de termes pour le définir. Ils savaient qu'il y avait absence de toute quantité, mais ils ignoraient ce que c'était. Ils ne pouvaient pas l'expliquer.

Les hindous furent les premiers à reconnaître le zéro, qu'ils appelèrent *sunya*, ce qui signifie « vide ». Après cette découverte, les mathématiques telles que nous les connaissons aujourd'hui devinrent possibles. Ce fut la révolution dans tous les calculs, par la reconnaissance du fait que « rien » était « quelque chose ». Soudain, le zéro existait. Puis il y eut moins un, zéro, plus un. Les systèmes de nombres se développèrent à partir de là, mais le point le plus important de l'évolution fut la découverte du rien.

La découverte du zéro marque une étape décisive dans un processus de développement sans lequel nous ne pouvons imaginer les progrès des mathématiques modernes, de la science et de la technologie. Le zéro a libéré l'intelligence humaine de la table de calcul qui la maintenait prisonnière depuis des milliers d'années, éliminant toute ambiguïté dans l'expression écrite des nombres ; il a révolutionné l'art du calcul, le rendant accessible à tous. (IFRAH 1987.)

L'arithmétique binaire, basée sur un et zéro, a permis la création des ordinateurs. Sans « rien », ce qui est ne peut pas être.

La vacuité du bouddhisme mahayana, sunyata, a été le tremplin du zen. Si, à l'origine, « pas une chose n'est » (Matsu), il n'y a pas de raison de faire un objet de ce que nous percevons ou savons. Dans le zen, les mots ne sont pas utilisés comme des concepts. Nous pouvons étendre cette compréhension en percevant que les objets sont inter-reliés aux perceptions que nous avons d'eux. L'expérience de la perception est fondamentale.

LA VACUITÉ EN TANT QUE PROCESSUS

Dans le zen, le vide n'est ni un concept, ni un but, ni un état ultime. La position scientifique occidentale est différente, puisqu'elle définit le vide comme un état lié à l'absence de molécules. Pour le bouddhisme zen, le vide est un processus, un continuum, sujet à des changements constants. Le fondateur de la Gestalt, Fritz Perls, notait que le vide implique le non-objet, seulement le processus. Il croyait que le vide était une source de créativité et un changement thérapeutique (PERLS 1969).

Les maîtres zen déconseillent l'immersion dans tout état de vide. En revanche, ils aident les étudiants à découvrir le processus. Hakuin incitait fortement les étudiants de zen à ne pas s'embourber dans les marais du néant. Quand Yamaoka Tesshu (1836-1888) était jeune étudiant de zen, il chercha l'éveil en fréquentant un maître zen après l'autre. À chaque fois, il tentait de montrer à ses professeurs qu'il savait beaucoup de choses sur le bouddhisme. Il dit à maître Dokuon, de Shokoku : « Je sais que l'esprit, le Bouddha, tous les êtres et tout ce qui est dans le monde n'existe pas. En fait, la nature de toute chose est la vacuité. » Dokuon observa le jeune étudiant en silence, fumant calmement. Puis, sans avertissement, il leva son bâton et le frappa. Tesshu fut rempli de colère. « Si rien n'existe, d'où vient cette colère ? » demanda Dokuon.

La vie quotidienne doit continuer comme toujours. Tesshu avait besoin d'apprendre à abandonner le concept même du « rien » en tant que chose. Au lieu de tenter de devenir « rien », faites de « rien » votre vrai moi. Si vous êtes trop absorbé par votre tentative de n'être rien, vous commettez une erreur tout aussi grande que ceux qui s'efforcent d'être quelque chose. N'essayez pas d'être rien ou quelque chose ; méditez pour découvrir l'éveil.

NI MOI NI AUTRE

Selon la pensée bouddhiste, l'idée que l'on a un moi séparé est une illusion. Il n'y a pas d'être externe individuel en dehors de l'interaction du monde. Chacun d'entre nous a des perceptions individuelles, une conscience et des sensations. Toutes ces expériences sont continues tout au long de notre vie. Cependant, les bouddhistes pensent que c'est une erreur que de rassembler toutes ces expériences sous un concept fixe de « soi ». C'est une fausse déduction, un saut infondé dans la logique. La seule chose dont on puisse être certain, c'est que ces expériences ont eu lieu. Rien de plus. La célèbre conclusion de René Descartes ne doit pas forcément suivre. Au lieu de déclarer : « Je pense, donc je suis », les bouddhistes zen diraient : « Je pense que je suis, donc je parais. » Notre idée de nous-mêmes est juste liée à notre façon de ressentir et à la façon dont les autres nous ressentent. Les bouddhistes zen estiment que le moi individuel est en fait l'expression de l'Être Véritable, profondément spirituel et Un avec toute chose. Les concepts de moi et de nature individuelle obscurcissent l'expérience directe. Les bouddhistes zen nous encouragent à nous défaire de ces confusions.

D'après la psychologie sociale, le concept du moi est le résultat d'interactions avec d'autres personnes importantes pour nous. Mais si le concept du moi est une illusion, alors le concept de l'autre l'est aussi. Dans le zen, il n'y a pas de moi, il n'y a pas d'autre – tout disparaît dans l'Unité. Lorsque l'empereur Wu demanda à Bodhidharma : « Qui est debout devant moi ? » et que Bodhidharma répondit : « Je ne sais pas », il était sincère. Il ne savait vraiment pas. La forme est le vide, incluant nous-mêmes et les autres. Bodhidharma était aussi intrigué que l'empereur Wu.

En appliquant cette logique, si nous faisons du mal à quelqu'un d'autre, c'est à nous-mêmes que nous faisons du mal. Les autres ne sont pas dissociés de nous. C'est la solution zen à de nombreux conflits sociaux. Nous n'avons pas besoin de nous identifier aux autres. Lorsque notre conscience s'ouvre à la vacuité zen, nous réalisons que nous sommes déjà partie des autres comme ils le sont de nous. Nous ne pouvons pas nous séparer des autres. Nous ne faisons qu'un avec notre monde social.

L'INCONSCIENT ZEN

Le vide s'exprime naturellement dans le zen inconscient. Mais l'inconscient tel que l'entend D. T. Suzuki ne se réfère pas à un inconscient personnel. Puisque nous n'avons pas de moi fixe, nous ne pouvons pas non plus avoir d'inconscient unique et séparé. La conscience inconsciente est la prajna absolue, ou sagesse. Ainsi, l'inconscient zen est la source du potentiel :

> *Les maîtres zen, dont la philosophie provient de la doctrine bouddhiste de sunyata et prajna, décrivent l'inconscient en termes de vie, c'est-à-dire de naissance et de mort, qui n'est ni naissance ni mort... Car, alors, l'inconscient permet à ses disciples privilégiés, maîtres de l'art, d'entrapercevoir ses infinies possibilités.* (D. T. Suzuki 1973.)

L'inconscient zen est provoqué en laissant aller les pensées conscientes et les intentions : « Avoir des pensées comme si on n'en avait pas (Hui-neng), c'est évidemment le moyen d'être conscient de l'Inconscient ou de trouver l'Inconscient dans la conscience » (D. T. Suzuki 1972).

Le zen n'attribue pas de réalité, dans l'absolu, aux pensées et perceptions d'esprits individuels. Au niveau relatif, elles ne constituent qu'une manifestation extérieure.

Les conditions du monde physique et nos sens peuvent projeter l'image d'un objet apparent, mais aucun objet n'est effectivement présent. C'est comme le mirage d'une flaque d'eau sur une route inondée de soleil. Il n'y a pas vraiment d'eau, seulement une apparence réelle. De la même manière, le monde que nous connaissons est le résultat de certaines perceptions. C'est notre conscience qui le fait exister.

Les koans, la méditation assise et d'autres pratiques auxquelles s'engagent ceux qui adhèrent au zen réintègrent l'inconscient. Selon le zen, le fonctionnement de l'inconscient offre un potentiel illimité et est plus en accord avec la réalité.

7

L'éthique s'exprime
dans un mode de vie correct

*Il est dit qu'il y avait quatre-vingt-quatre mille vertus prati-
quées par tous les bodhisattvas, mais elles ne sont pas plus
nombreuses que les feuilles et les branches poussant à partir
d'une seule racine d'un cœur pur.* (SOYEN 1987.)

L'ÉTHIQUE VIENT DU VIDE

Il peut sembler paradoxal que le zen, qui ne considère rien
comme sacré, soit moral. Pourtant, une position basée sur
l'éthique est fondamentale dans le zen, et implicite du
point de vue du vide et de l'unité. Puisque l'ultime position éthique du zen est exprimée dans l'action, il n'y a pas
de contradiction entre la calme vie monastique de certains
moines et la vie active d'autres. Les deux formes d'actions
peuvent être guidées par l'éthique. Les deux sont valables.

En Occident, nous avons tendance à considérer l'éthique
du point de vue d'Aristote : il y a le bien et le mal, basés
sur la distinction entre le fait qu'une chose est ou n'est
pas. Le zen nous propose de faire l'expérience de notre
moi et de notre monde selon une autre perspective que
la polarité du bien et du mal. Cette perspective résulte
d'une position éthique engagée fondée sur le vide.

Le zen tire cette perspective éthique de la philosophie
bouddhiste mahayana, qui professe que la réalité objec-

tive n'est pas une certitude distincte et incontestée. De fait, « rien » peut être établi en examinant ce qui existe, pour prouver son existence. Le monde et un moi séparé et individuel peuvent sembler très réels si nous nous fions à nos sens mais, en fin de compte, les deux ne sont qu'illusion. Rien n'existe et cependant toute chose existe simultanément.

L'ÉTHIQUE VIENT DE L'UNITÉ

Au niveau ultime, les bouddhistes zen ne distinguent pas entre le moi individuel et le monde extérieur. Nous ne sommes pas séparés ni séparables du monde. Nous en sommes partie intégrante. Par ailleurs, nous ne pouvons pas être séparés de nos actes ni de leurs conséquences. La pratique et l'éveil sont Un, c'est pourquoi nos actes sont une autre occasion de faire l'expérience de l'esprit de bouddha.

Les actes sont le résultat de l'unité. Lorsque le mal est fait, il ne blesse pas seulement quelqu'un d'autre, mais aussi celui qui en est l'auteur. La compassion est la réponse sage. Elle signifie que la bonté sans faille est possible en ce monde. La position éthique du zen permet un optimisme ultime basé sur l'abandon de l'illusion.

Nous avons tendance à attendre la réciprocité de nos actions justes, autrement dit de la règle d'or : faites aux autres ce que vous voudriez qu'ils fassent pour vous. La position éthique du zen est fondée sur d'autres règles : la réciprocité n'est pas recherchée puisqu'on ne peut être séparé des autres, de nos actes ni de leurs conséquences. Nous pouvons espérer un traitement correct en retour, comme l'expression de notre unité avec la vraie nature, mais ce ne doit pas être le fondement de nos actions. Celles-ci sont effectuées pour elles-mêmes, et non à cause d'une pression extérieure. D. T. Suzuki évoque une « vertu secrète ». Le moine zen accomplit de bonnes actions comme des signes de dévotion, simplement parce qu'elles sont à faire. L'ego ne compte pas. Le comportement juste consiste à se donner entièrement aux besoins d'une situation. La réciprocité se charge d'elle-même. L'important, c'est de rendre un service bénéfique.

Ne pas laisser votre main gauche savoir ce que fait votre main droite – c'est ce que l'on appelle, dans la vie zen, pratiquer la « vertu secrète ». C'est aussi l'esprit du service. La vertu secrète est l'acte accompli pour lui-même, sans chercher aucune forme de compensation, ni au ciel ni sur terre. (D. T. Suzuki 1994.)

ÉTHIQUES ZEN ET CHRÉTIENNE COMPARÉES

Dom Aelred Graham, moine catholique bénédictin, voyagea en Asie en 1968 à la recherche de points communs entre les religions orientales et le christianisme. Parmi de nombreux dialogues et interviews, il retint le dialogue avec le maître zen soto Fujaimoto Roshi sur la question de l'éthique. Leur discussion montre clairement que le zen la définit très différemment des religions chrétiennes. Pourtant, les moines zen se comportent constamment de façon morale, tout comme les moines chrétiens. Bien que le fondement de leur éthique soit différent, la pratique est la même.

> **A. G.** – *J'aimerais soulever la question de la conduite, de l'éthique. Les chrétiens essaient de conformer leur conduite à une loi extérieure donnée par Dieu ou par l'Église. Bien entendu, ce n'est pas le cas dans le bouddhisme. Comment, dans la pratique, les bouddhistes distinguent-ils ce qui est juste de ce qui est faux ? Quelle est leur règle de conduite dans la vie quotidienne, qui leur permet de savoir quoi faire ?*
>
> **F. R.** – *En fait, le concept de l'éthique n'intervient pas dans le bouddhisme. Nous parlons toujours d'éveil. Si quelqu'un est illuminé, tout ce qu'il fait est bien… en d'autres termes, il vit dans un domaine où il n'y a pas de distinction entre le bien et le mal.* (GRAHAM 1968.)

Cette déclaration plutôt choquante n'est pas ce qu'elle paraît en surface. Nous avons tendance à chercher une règle à suivre pour nous comporter d'un point de vue éthique et utilisons le critère extérieur de ce qui est bien. Lorsque les bouddhistes affirment qu'il n'y a ni bien ni mal, cela ne signifie pas qu'ils ne font aucune distinction entre les deux, mais qu'aucune idée extérieure, aucun critère n'existe. Chaque chose, chaque instant est en soi complet et bon. On doit rendre les idéaux réels en les vivant maintenant.

Car maintenant est tout ce qui existe. Soit vous êtes vertueux, soit vous ne l'êtes pas. Si vous ne vivez pas sur un plan éthique, il ne peut pas y avoir d'éveil. Votre vie est l'expression de l'éveil. Vos interactions sociales en sont inséparables. Tout est esprit de bouddha. Fijaimoto Roshi l'expliquait ainsi :

> *Nous parlons d'un idéal que nous essayons habituellement d'accomplir. Mais dans le zen, il n'y a pas d'idéal déterminé, spécifique ni de but à atteindre… Le but est infini… L'instant présent est le but en lui-même. Il est le processus et l'état. Dans le zen, chaque instant est ici, maintenant. En dehors de cela, il n'y a rien. C'est le but, l'étape, le processus, l'absolu.* (GRAHAM 1968.)

Les bouddhistes zen pensent que les règles de l'éthique sont souvent basées sur des normes relativistes qui peuvent entraîner des interprétations variées sur la manière de se comporter en fonction de la culture, de l'histoire et de critères encore plus larges, comme l'époque. Cela pose la question du choix et de la décision. Mais l'illumination donne une base d'interprétation fondée sur l'absolu, l'harmonie continuelle avec l'éveil lui-même. Le comportement ne doit pas être guidé par un critère extérieur, relatif, sinon la base sur laquelle nous nous appuyons ressemblera à du sable mouvant : nous nous enfoncerons. Les actes et la conduite découlent d'une base interne. L'idéal permanent, le critère pour agir doit être de savoir si l'action est en harmonie avec l'unité, la vraie nature. Un mauvais comportement découle d'une dysharmonie avec l'éveil. « Vivre en harmonie avec sa vraie nature est la vie d'un homme éveillé, la vie d'un bouddha. Tout ce qu'il fait en accord avec sa vraie nature est bien » (GRAHAM 1968).

La vue zen de l'éthique n'est pas écartée de l'expérience religieuse elle-même. La « bonté » doit être exprimée comme une partie de la vraie nature, comme il est dit dans le confucianisme. Dans le zen, cet instant, tel qu'il est, est la source intuitive.

LES VŒUX

La doctrine zen ne prescrit pas les actions à entreprendre instant par instant, mais les moines zen prononcent effectivement certains vœux. Tous doivent faire les trois vœux du bouddhisme mahayana. Le Sixième Patriarche, Hui-neng, encouragea ses disciples à prendre refuge dans les préceptes qu'il appelait « les trois joyaux de l'essence de notre esprit ». Ces trois joyaux sont les trois vœux :

> *Bouddha, qui représente l'éveil*
> *Dharma, qui représente l'orthodoxie*
> *Sangha (l'ordre) qui représente la pureté.*
>
> (PRICE et MOU-LAM 1990.)

Il expliquait que, quand des personnes prenaient refuge dans l'éveil, les impulsions et les idées négatives ne s'élevaient pas. Prendre refuge dans le dharma préserve de l'envie, l'égotisme et l'arrogance. En laissant son esprit prendre refuge dans la pureté, on n'est pas entraîné par les multiples tentations de l'environnement extérieur. En faisant le vœu de s'engager dans ces voies, les pratiquants promettent de se vouer à la recherche de la voie bouddhiste et de s'y tenir. La nature de ces préceptes fondamentaux ne prescrit pas la façon de procéder. En fait, les vœux sont un engagement absolu envers l'illumination. Du point de vue absolu de l'éveil, l'action morale se produit naturellement.

8

L'éveil est l'accomplissement de la sagesse

> *Je retournai dans le hall et étais sur le point de regagner mon siège quand toute la perspective changea. Une vaste étendue s'ouvrit, et le sol parut s'effondrer... comme je regardais de tous côtés, en haut et en bas, l'univers entier me parut différent avec ses multiples objets de sens ; ce qui était détestable auparavant, ainsi que l'ignorance et les passions, n'était maintenant perçu comme rien d'autre que le flux de ma propre nature intime qui, en elle-même, demeurait brillante, vraie et transparente.* (Yuan-chou, *in* WATTS 1960.)

On a utilisé de nombreux mots pour décrire l'éveil : « Pensée Une et Absolue », sunyata (vacuité), canti (tranquillité), clair esprit, esprit de tous les jours, inconscient, prajna (sagesse), satori, kensho, vue de sa vraie nature... tant de mots pour décrire une expérience sans mots !

Qu'est-ce donc qui a tant captivé les êtres à travers le monde, au point qu'ils s'engagent dans la pratique de la méditation en tant que chemin menant à une meilleure vie ? Le zen nous enseigne à nous asseoir, à respirer calmement, sans penser à rien, profondément conscient. Avec le temps, notre expérience varie. Comme l'explique Suzuki : « C'est le privilège du satori que d'être assis dans le Présent Absolu, en contemplant calmement le passé et le futur » (ABE 1986). À mesure que vous reconnaissez votre potentiel, découvert à travers la méditation, vous ressentez différemment votre propre être. Les sentiments d'incertitude et de confusion cèdent le pas à la clarté, à l'unité : « Notre " inséparabilité " originale avec l'univers » (WATTS 1960). Les premières étapes, la racine de la découverte de quelque chose de plus grand, commencent par quelque chose de petit, quand on se tourne vers son propre esprit. La fameuse phrase de Voltaire dans *Candide*, « Cultivez votre jardin », nous indique la bonne direction.

La méditation zen suscite une expérience unique : le flot de pensées se calme, la conscience devient claire et vide, la présence est totale, d'instant en instant. Alors, quelque chose peut se produire : l'éveil.

LE POTENTIEL INTÉRIEUR

Quand l'éveil arrive
Rien n'est là
Aussi, nous demandons :
L'éveil est… où ?
(C. ALEXANDER SIMPKINS.)

La conscience de soi ne vient pas de l'extérieur. Lorsque Bouddha réalisa son illumination sous l'arbre de la bodhi, il sut soudain que le potentiel de l'expérience avait toujours été là. Simplement, il ne savait pas où ni comment regarder. Le bouddhisme zen est une philosophie optimiste dans laquelle tous les êtres ont la capacité d'éveil, latente.

Huang-po l'exprimait ainsi : « Tous les êtres sensibles ne font qu'un avec la bodhi (illumination) » (BLOFELD 1994).

Ce potentiel est souvent réalisé de façon soudaine. Certains moines ont connu l'éveil après avoir été frappés par leur maître en réponse à des questions comme « Qu'est-ce que l'éveil ? » ou « Comment puis-je le trouver ? ». Tous ces cas, ainsi que d'innombrables autres, illustrent à quel point l'illumination arrive souvent quand on l'attend le moins, surprenant le pratiquant, ouvrant un clair chemin vers ce qui est déjà là, sous forme latente.

Lin-chi disait : « Rien ne manque. » Il n'y a rien qui manque, puisqu'il n'y a rien au départ. Le zen encourage les pratiquants à avoir foi en eux et à ne pas chercher quelque chose à l'extérieur d'eux-mêmes. L'éveil est une capacité déjà présente – un sixième sens. Personne d'autre ne peut l'obtenir pour vous. Les enseignants et les livres peuvent indiquer la voie, mais l'expérience reste la vôtre.

LE PARADIS ICI ET MAINTENANT

De nombreuses religions promettent un meilleur endroit au-delà de ce monde. Pour le zen, vos propres efforts du moment sont le meilleur passeport pour le paradis. Le paradis est ici et maintenant, pas dans un autre endroit ou à un autre moment. Une des doctrines clés du bouddhisme zen que Dogen exprimait clairement était l'interpénétration de toutes choses : tout est fait pour aller ensemble ;

tous les phénomènes sont interconnectés. Il n'y a aucune séparation entre les êtres, leur vie, ou leur éveil. On demanda à un maître zen comment trouver la voie de l'illumination. Sa réponse fut une question :

« Est-ce que vous entendez le fleuve ?

– Oui, répondit l'étudiant.

– Alors, vous avez trouvé l'entrée de la voie ! »

Nul aspect de votre vie – carrière, famille, loisirs – ne se trouve en dehors de l'éveil. Tous sont intimement liés. Tout ce que vous faites peut devenir le départ de votre recherche de l'éveil, ou vous aider à le maintenir. Certaines personnes pensent : « Ma vie est ennuyeuse. J'ai envie de quelque chose de mieux ! » Le zen décourage cette sorte de pensée dualiste, qui vous éloigne de l'éveil. Votre ennui, lorsque vous en avez pris pleinement conscience et ne faites qu'un avec lui, peut devenir votre meilleur outil de compréhension.

Il y a longtemps, au Japon, un shogun demanda au maître zen Takuan (1573-1645) comment tromper son ennui. Il se plaignait de passer chaque jour assis inconfortablement à son bureau, à remplir des tâches gouvernementales. Takuan composa le poème suivant en guise de réponse :

Ce jour n'est pas deux fois pareil
Chaque minute est différente
Ce jour ne reviendra pas
Chaque minute est un joyau inestimable.

(Reps 1994.)

Vivez pleinement chaque instant, en accordant une égale et pleine attention à chaque expérience. C'est ici et maintenant que l'on peut trouver l'éveil ; « ici et maintenant » peut être votre paradis.

RIEN DE SPÉCIAL

Les maîtres zen ont souvent dit à leurs élèves que l'éveil n'était rien de spécial. Au sens bouddhiste du terme, il est vide. Aussi n'y a-t-il rien à accomplir, rien à réussir, rien à obtenir. On demanda à un étudiant qui venait du temple de Hui-neng quelles instructions le maître lui avait données. Il répondit : « D'après ses instructions : non-tranquillisation, non-dérangement, non-position assise, non-méditation – c'est le dhyana du tathagata (méditation) » (D. T. SUZUKI 1972).

Shunryu Suzuki expliquait que l'éveil pouvait sembler quelque chose d'extraordinaire, mais :

Pour une mère pourvue d'enfants, avoir des enfants n'est rien de spécial. C'est le zazen. Aussi, si vous continuez cette pratique, vous acquerrez de plus en plus quelque chose – rien de spécial, mais néanmoins quelque chose. Vous pourrez l'appeler « nature universelle » ou « nature de bouddha » ou « illumination ». Vous pouvez lui donner de nombreux noms mais, pour la personne qui l'a, ce n'est rien, et c'est quelque chose. (S. SUZUKI 1979.)

Bien que les étudiants en zen soient sérieusement engagés à découvrir l'éveil, on ne peut pas le chercher. Il ne faut en attendre aucun résultat ou effet particulier. Cela semble paradoxal par rapport à nos modes de vie modernes, orientés vers un but et, cependant, c'est ce qui nous donne la possibilité d'acquérir une sagesse plus profonde. Si vous pratiquez la méditation sans rien en attendre, alors, dit Suzuki, « Vous allez retrouver votre vraie nature. C'est-à-dire que votre vraie nature se retrouvera elle-même » (S. Suzuki 1979).

AU-DELÀ DE LA DUALITÉ

L'éveil n'est pas conceptuel. Les bouddhistes zen expliquent qu'à partir du moment où vous commencez à conceptualiser, vous instaurez la dualité. Un devient deux : vous, le penseur, et l'idée ou le concept auquel vous pensez. Puis d'autres divisions apparaissent : j'aime ceci ; je n'aime pas cela. Ceci est juste ; ceci est faux. Ces dualités sont la source de problèmes et de souffrances. Selon le bouddhisme, diviser ainsi notre monde est une erreur. On ne peut pas dire que les choses existent ou qu'elles n'existent pas, elles font les deux. Toute chose est telle qu'elle est, et la personne éveillée perçoit les choses comme elles sont.

Réaliser l'éveil, c'est comme s'éveiller d'un rêve en laissant derrière soi les ombres des vues anciennes, limitées. L'illumination, c'est vivre pleinement le moment présent de conscience. « Quand les dix mille choses sont vues dans leur Unité, nous retournons à l'Origine et restons là où nous avons toujours été » (Seng-ts'an, *in* Ross 1960).

VIVRE LE ZEN

Quand vous suivez la voie du zen
À travers l'action, avec le cœur
Les mondes chaotiques de discorde
Sont une vraie symphonie.
(C. ALEXANDER SIMPKINS.)

Le meilleur moyen d'apprendre le zen est de faire du zen, en méditant. La méditation peut être une expérience intérieure calme, où vous êtes assis avec vous-même pendant un certain temps, chaque jour. On peut aussi l'apprendre dans l'action, en participant à chaque activité de manière méditative. Traditionnellement, le zen était enseigné à travers certains arts que l'on appelle les arts zen. Cette troisième partie va vous permettre de vous plonger dans d'anciennes traditions adaptées à la vie moderne, si bien que vous pourrez facilement pénétrer l'esprit du zen, en voyageant sur la voie à votre manière unique.

9

La méditation éclaire la voie

L'homme doit être maître de lui-même, intellectuellement, moralement et spirituellement. Pour y parvenir, il doit être capable d'examiner son propre état de conscience et de diriger ses pensées et ses désirs là où se trouve la logique de l'existence. (SOYEN 1987.)

La méditation est la pierre angulaire du zen. Sans les pratiquants réellement engagés dans la méditation, le zen ne serait pas le zen. Le mot japonais *zen* se traduit par « méditation ». Toutes les écoles de zen pratiquent la méditation, même si elles varient dans leurs coutumes, leurs traditions et d'autres aspects de la vie. La méditation est le moyen de faire l'expérience du zen pour vous-même. Dogen pensait que le zazen était « l'entrée correcte menant au dharma du Bouddha » (Dogen, *in* ABE 1992). Puisque la pratique méditative elle-même est l'éveil, il n'y a rien à chercher en dehors de l'esprit, et rien à faire en dehors de la méditation.

La méditation commence en étant tranquillement en position assise. Par la suite, vous apprendrez à maintenir votre conscience méditative tout en étant actif durant la journée.

RECHERCHES SUR LA MÉDITATION

Un groupe de recherches de Tokyo a réalisé une série d'expériences intéressantes avec des moines zen pour sujets : les chercheurs ont mesuré les ondes cérébrales émises pendant qu'ils méditaient. Ils ont noté une nette différence à l'EEG durant la méditation zen, par rapport aux ondes émises pendant le sommeil, la relaxation profonde ou l'hypnose. Les schémas des moines ayant de onze à quinze ans d'expérience étaient les plus spectaculaires. En quelques minutes, leur EEG montrait une baisse de l'activité cérébrale, et l'on pouvait également constater des effets physiologiques. Le rapport disait :

L'exercice de méditation zen renforce la concentration intérieure, aidant à préserver ou restaurer un état constant et stable de l'organisme. Les mots zen « un moi calme, pur et serein » semblent indiquer la partie interne de tout l'organisme. (HIRAI 1974.)

Durant une série de tests, les moines méditants demeuraient totalement conscients des sons métalliques émis par les expérimentateurs. Ils percevaient et enregistraient nettement ces sons, sans que cela les distraie de leur méditation. Les chercheurs en conclurent que la méditation zen est « détendue, vigilante, avec sensibilité constante » (HIRAI 1974).

QU'EST-CE QUE LA MÉDITATION ?

Musique douce
Son calme
Eau profonde
Sol silencieux
                (C. ALEXANDER SIMPKINS).

La méditation zen s'appuie sur les pratiques d'entraînement de l'esprit des anciens sages orientaux. En Occident, on exerce son esprit à travers des années de scolarité pendant lesquelles on s'applique à observer, raisonner et apprendre. C'est grâce à des méthodes basées sur l'analyse et la logique, à l'aide d'un raisonnement inductif et déductif, que les penseurs occidentaux comprennent le monde. L'entraînement méditatif emploie d'autres méthodes. Les pratiquants de la méditation zen détournent leur attention du raisonnement et de l'apprentissage pour la centrer sur ce qu'ils considèrent comme plus fondamental : la sagesse intuitive.

L'approche zen de la méditation diffère des autres formes de pratique méditative. Par exemple, les adeptes du bouddhisme amida répètent un chant – *Namu amida butsu* (le nom du Bouddha Amida – *Amitabha,* en sanskrit) – encore et encore. Ils en remplissent complètement leur esprit, espérant s'ouvrir les portes du paradis. La méditation sur les mantras, une caractéristique de la méditation transcendantale, est similaire.

Le zen a une approche à la fois opposée et complémentaire. Les méditants zen abandonnent les pensées distrayantes pour découvrir le calme et le silence intérieurs. Ils y parviennent en s'asseyant tranquillement, puis en observant les pensées à mesure qu'elles se présentent et en les laissant s'éloigner, en étant totalement dans l'instant.

Alors, en complète osmose avec le vide, la méditation devient éveil.

LA PRATIQUE DE LA MÉDITATION

La meilleure façon d'apprendre le zen consiste à méditer. La compréhension du zen doit venir de l'expérience. Au début, pratiquez les exercices suivants pendant une très courte période de temps, puis prolongez la durée à mesure que votre capacité augmentera.

La pratique zen est au-delà de la technique ; c'est la voie de la non-technique. Dans la méditation zen, on ne dit jamais au pratiquant ce qu'il doit penser, mais plutôt de ne penser à rien, pour permettre à l'esprit de se vider et de se libérer.

Certaines formes de zen proposent des positions pour s'asseoir. Par exemple, les instructions du zazen sont très spécifiques sur la manière d'être assis, de respirer, et même sur ce qu'il faut porter et sur l'environnement dans lequel pratiquer. Mais cette instruction ne se veut rien de plus que ce qu'elle est : une façon clairement définie de s'asseoir. En fin de compte, la méditation n'est pas technique, tout en n'étant que cela.

PRÉPARATION À LA MÉDITATION ZEN

Les débutants devraient commencer par un simple exercice pour entraîner leur attention à la méditation zen.

Respiration. La concentration sur la respiration est un exercice ancien qui attire votre attention vers l'intérieur. C'est un bon exercice par lequel commencer, car il est facilement accessible. Asseyez-vous par terre sur un coussin, jambes croisées. Laissez vos mains reposer confortablement dans votre giron, ou posées sur vos genoux. Fermez les yeux, et centrez votre attention sur votre respiration. Notez le passage de l'air dans votre nez à l'inhalation et suivez-le dans vos poumons. Remarquez le mouvement d'expansion naturel de votre torse, suivi d'un léger mouvement de rétraction lorsque l'air ressort. En aucune façon, ne tentez de forcer ce mouvement ou de le modifier. Essayez simplement de maintenir votre attention sur lui. Remarquez-vous comme votre respiration se charge d'elle-même, et en même temps comme vous ne faites qu'un avec elle ? En d'autres termes, ce n'est pas vous qui vous faites respirer ; vous respirez, simplement. Si votre attention s'égare, rassemblez-la de nouveau sur votre respiration. À force d'entraînement, vous serez capable de rester concentré pendant des périodes plus longues.

Pendant cette première méditation, vous pouvez commencer à faire l'expérience de l'unité avec la méditation. Parfois, les débutants pensent qu'ils doivent contrôler leur respiration. En fait, il faut essayer de respirer de façon automatique, sans interférence, tout en maintenant la conscience sur la respiration. Si vous parvenez à respirer naturellement, sans inhibition, avec une totale attention, vous aurez un aperçu de l'esprit zen.

Zazen : la méditation assise. La pratique la plus courante est la méditation assise. Rappelez-vous que les détails de la technique ne sont pas le but principal ; c'est la qualité de la méditation qui compte. Ces instructions sont des lignes directrices couramment suivies dans le zazen. Faites-en vous-même l'expérience.

Asseyez-vous par terre sur un petit coussin, jambes croisées. Certains aiment se tenir en position complète du lotus, les pieds par-dessus les cuisses. D'autres préfèrent le demi-lotus, un pied reposant sur la cuisse opposée, d'autres encore les jambes simplement croisées. Maintenez votre dos relativement droit, la tête droite, les yeux mi-clos. Détendez votre visage, vos épaules et vos bras. Laissez vos mains reposer dans votre giron, paumes vers le haut, une main posée sur la paume de l'autre, les pouces se touchant. Respirez de manière détendue et débarrassez-vous de toute tension.

Ayez l'esprit clair, ne pensez à rien de particulier. Dès qu'une pensée surgit, ayez-en conscience, puis retournez à l'absence de pensée. Recommencez le processus. Peu à peu, vos pensées vont se calmer, puis s'arrêter et vous resterez conscient avec un esprit vide, sans pensée.

La méditation en marche. Certaines personnes ont du mal à rester tranquillement assises. La pratique zen les a prises en considération en intégrant une tradition de marche méditative dans la routine quotidienne. Comme pour toutes les méditations zen, vous pouvez pratiquer celle-ci seul, ou avec un groupe de méditants.

Trouvez un espace ouvert, à l'intérieur ou à l'extérieur, où vous pouvez marcher lentement sans interruption. Tenez-vous droit, les mains légèrement en contact devant vous, comme en position assise. Avancez un pied après l'autre, lentement, le talon d'un pied étant posé avant que les doigts de l'autre pied quittent le sol. Remarquez le moment où votre pied entre en contact avec le sol. Sentez le poids de votre corps basculer du pied arrière au pied avant. Continuez à avancer lentement, en maintenant votre attention sur chaque aspect de la marche. Vous pouvez tourner en cercle ou suivre un sentier dégagé. Respirez confortablement. Vous aurez peut-être envie de rythmer votre respiration sur votre marche, par exemple en inspirant sur un pas et en expirant sur le suivant. Comme pour la respiration méditative, marchez naturellement et en douceur, comme vous le faites habituellement sans y penser, mais tout en restant conscient. C'est là le paradoxe de la méditation zen : être délibérément spontané. Lorsque vous y parviendrez, vous aurez fait l'expérience du zen.

La méditation au travail. Dans les monastères zen, le travail a toujours fait partie de la routine quotidienne. Les moines des campagnes coréenne et japonaise travaillaient souvent côte à côte avec les fermiers, dans les champs. Le moine zen chinois Pai-chang fut le premier à intégrer officiellement le travail au zen. Sa phrase célèbre « Un jour sans travail est un jour sans nourriture » devint la première règle de la vie monastique zen. Inclure le travail ne signifie pas que l'on doive cesser de méditer pendant ce temps-là, bien au contraire : les pratiquants doivent amener la conscience zen dans leurs tâches. Comme dans les autres exercices méditatifs, vous apprendrez à travailler de manière optimale en restant conscient. L'exercice suivant vous donnera un bref échantillon de la méditation dans le travail.

Choisissez une courte période de temps pendant votre journée de travail pour pratiquer le travail méditatif, et décidez à l'avance quel genre d'ouvrage vous ferez : une page à taper, un programme à créer, un meuble en kit à assembler, voire une réunion à laquelle vous participez. Avant de commencer, asseyez-vous un instant et préparez-vous à la méditation. Débarrassez autant que possible votre esprit des pensées qui l'encombrent et centrez votre attention sur l'instant. Puis dirigez-vous vers votre travail. Si vous vous asseyez à un bureau, notez mentalement ce que vous ressentez en vous asseyant. Si vous travaillez avec un outil, soyez très conscient de l'outil que vous tenez ou que vous regardez. Si vous travaillez sur un ordinateur, laissez reposer doucement vos mains sur le clavier et notez toutes les sensations que vous éprouvez. Commencez à travailler.

Maintenez votre attention sur votre tâche, mais en essayant de ne pas intervenir. Travaillez efficacement, en conscience. Si votre esprit s'évade, ramenez-le comme dans les autres exercices méditatifs. Une fois que vous avez terminé, arrêtez-vous, clarifiez votre esprit et détendez-vous.

À force de vous exercer à méditer pendant de brèves périodes, vous pourrez prolonger la durée de l'expérience. Les moines zen s'efforçaient d'aborder tous les aspects de la vie avec une conscience méditative.

LA PRATIQUE DU KOAN

Quand on a compris l'importance du koan, on peut dire que plus de la moitié du zen est comprise. Les maîtres zen, cependant, peuvent déclarer que l'univers lui-même est un grand koan vivant et menaçant qui vous met au défi d'en trouver la solution, et que, une fois trouvé la clé de ce grand koan, tous les autres koans se résoudront d'eux-mêmes ; et donc que le point principal de l'étude du zen est de connaître l'univers lui-même. (SUZUKI 1994.)

Suzuki voyait dans le koan un moyen de « concentrer l'esprit sur un point ». À partir de là, la recherche intérieure peut commencer. Le koan éloigne l'étudiant des pensées toutes faites et le guide vers l'horizon de la raison, dont il peut concevoir les paramètres. Alors, l'étudiant engagé s'éloigne de l'impasse et s'enfonce dans la méditation sur le koan. L'impasse peut seulement être évitée par une percée dans la conscience éveillée grâce à un usage nouveau, intuitif de l'esprit. Les instructions qui suivent ont été données à d'innombrables étudiants de zen. Faites-en l'expérience à votre tour.

Koans modernes et traditionnels. Vous avez appris l'histoire de maîtres zen qui ont abandonné toutes leurs possessions pour se consacrer corps et âme à la vacuité. Vous avez réfléchi sur cette notion, peut-être même vous a-t-elle déconcerté. Dans l'espoir de mieux la comprendre, vous avez peut-être commencé à méditer, éprouvant des moments de conscience ici et là durant la journée. Mais, souvent, les pensées et les soucis habituels de la vie quotidienne surgissent au premier plan de la conscience, et vous vous sentez poussé et tiraillé par les circonstances qui vous entourent.

Les koans zen peuvent vous amener à découvrir l'absolue liberté de l'éveil. Cela pourra vous arriver comme un éclair soudain ou après un long et stimulant effort. Les deux koans indiqués ici ouvrent à cette possibilité. L'un est une adaptation moderne, l'autre un classique. Essayez les deux ou choisissez-en un. Il existe de nombreuses façons de travailler sur un koan. Commencez par vous mettre en présence de la question. Gardez-la à l'esprit tout en commençant à chercher. La réponse n'est pas rationnelle et fait appel à l'expérimentation intuitive. Cherchez-la avec la même ferveur que vous vous efforceriez de trouver de l'eau fraîche si vous aviez fait naufrage sur une île désertique et brûlante.

Koan moderne. – Pouvez-vous penser à rien sans rien penser à ce sujet ?

Koan classique. – Le Mu de Chao-chao est le premier koan du *Mumonkan*. Il est considéré par de nombreux maîtres zen passés et présents comme une introduction fondamentale à la voie.

Un moine demanda à Chao-chao : « Est-ce qu'un chien a la nature de bouddha ? » Chao-chao répondit : « Mu. »

Dans son commentaire de ce koan, Mumon déclare que tous ceux qui souhaitent apprendre le zen doivent passer par les mêmes portes que les Patriarches. Il appela son livre *Mumonkan* (La Porte sans porte). Il croyait que « Mu » était la porte principale du zen. Si vous êtes capable de la passer, vous vous trouverez face à face avec tous ceux qui l'ont déjà passée avant vous.

Mumon suggère que la seule façon d'y parvenir est de coller à ce thème. « Utilisez la moindre parcelle de votre énergie à travailler sur ce " Mu ", conseillait-il. Si vous vous y attelez sans interruption, regardez : une seule étincelle, et la chandelle s'allume ! » (SEKIDA 1977.)

10

Pénétrer le zen à travers les arts

L'art est étudié au Japon, non seulement pour lui-même, mais pour l'éveil spirituel. (D. T. Suzuki à G. HERRIGEL 1958.)

Lorsque les Occidentaux ont été initiés au zen, ils ont souvent été encouragés à faire l'apprentissage de l'art zen. Eugen Herrigel (mort en 1955), un des premiers Occidentaux qui aient appris formellement le zen au Japon, s'entendit dire qu'on ne le lui enseignerait que s'il acceptait d'étudier l'art zen. Il choisit le tir à l'arc, et sa femme, Gustie, l'arrangement floral. Nous vous encourageons également à découvrir un ou plusieurs des arts zen décrits dans la troisième partie. En abordant un art zen, vous n'apprenez pas seulement un savoir-faire artistique, vous développez aussi votre esprit à la manière zen. C'est un moyen de faire l'expérience du zen qui a des chances de réussir.

De nombreuses sortes d'arts zen sont pratiquées de nos jours. Parmi les plus connues : Cha-no-yu (l'art du thé), la calligraphie, haiku (la poésie), et les arts martiaux. Il y a aussi les arts zen du jardinage, koto (l'encens), sumi-e (la peinture à l'encre), kyudo (le tir à l'arc), le drame no, et ikebana (l'arrangement floral). Un autre domaine influencé par le zen est la psychothérapie. Plusieurs maîtres zen contemporains sont aussi psychothérapeutes, et certains psychothérapeutes utilisent des aspects du zen dans leur méthode de traitement.

Certains arts considérés comme zen semblent diamétralement opposés, comme les arts martiaux et la peinture. Malgré les apparences, ils sont pourtant très semblables au niveau de l'esprit : l'épée et le pinceau sont un. Un épéiste apprend à manier l'épée pour trancher avec précision. Dans une bataille sans merci, il n'y a pas de seconde chance. Cela demande un esprit extrêmement concentré, faisant un avec le mouvement. La même présence d'esprit est nécessaire pour peindre. Une fois que le pinceau est « chargé » de peinture, il n'y a qu'un tracé correct. Sur le papier de riz, l'encre ne s'efface pas, de même qu'une mauvaise entaille pratiquée avec l'épée ne peut être ôtée. Dans le Japon féodal, de nombreux maîtres d'épée étaient aussi des maîtres de calligraphie.

Qu'est-ce qui rassemble tous ces arts pour en faire des arts zen, et qu'est-ce qui distingue un art zen d'autres formes d'art ? Les arts zen, comme les autres, présentent une structure à suivre et une habileté à acquérir. Pourtant, la maîtrise d'un véritable art zen ne peut être obtenue sans passer par une transformation. Les instructions du maître provoquent un changement chez l'étudiant. Ce changement implique plus que la simple addition de nouveaux talents ; il entraîne aussi une altération de la conscience, très semblable à ce qui se produit à travers la méditation zen. En fait, les arts zen sont une forme de méditation, à la fois pour l'artiste et pour le public.

Les arts zen incarnent la relation entre la forme et le vide. Le sutra du Cœur nous dit que la forme est le vide et que le vide est la forme – un thème central du zen, que nous avons abordé dans la deuxième partie. Marchez dans un jardin zen et vous entrez dans le monde de l'expérience zen. Vous en sentez et voyez les principes vivants dans la forme et l'espace. Contemplez une peinture zen, vous y trouvez une vue profonde des thèmes zen. Mais qu'est-ce que cela signifie réellement ?

Les arts zen nous le montrent : imaginez que vous tenez à la main une feuille de papier blanc. En la regardant, vous savez ce que vous avez – un papier, sans rien dessus. Mais si un artiste zen peint sur cette feuille de papier un petit oiseau perché sur un bambou et regardant vers un horizon infini, tout change. Maintenant, vous avez la forme : l'oiseau, le bambou, l'horizon. Vous avez aussi le vide, puisque l'oiseau attire votre regard vers une vaste étendue au-delà de l'horizon. C'est seulement à partir de la forme que le vide devient possible. Dans le zen, vous ne vous efforcez pas d'effacer toute pensée pour rendre votre esprit vide ; vous découvrez le vide qui est déjà présent à l'intérieur de la forme des pensées, des expériences et des réalités.

Chaque sorte d'art zen travaille avec la forme à sa façon pour entraîner l'expérience du vide. Dans le no, le vide est exprimé par un mouvement juxtaposé à un non-mouvement, des rythmes à des non-rythmes, ou par un chœur suivi de silence. Dans la peinture et la calligraphie, l'espace vide est aussi important que les traits. Le haiku use avec modération de mots évocateurs, liés à des sens symboliques, pour exprimer le vide. Par exemple, dans le haiku ci-dessous, on nous présente une image de silence. L'absence de forme émerge de la forme.

Une épaisse chute de neige...
Disparaît dans la mer.
Quel silence !

(SHIGEMATSU 1988.)

Les arts zen diffèrent aussi d'autres formes d'art parce qu'ils sont sans but. Cela peut sembler contradictoire, puisque faire de l'art implique que l'on présente un produit, quelque chose qui provient d'un effort, comme une peinture, un poème, une performance – une œuvre d'art. Mais pour les maîtres d'art zen, si vous cherchez à faire une peinture ou un poème, vous échouerez immanquablement. Au lieu de cela, les artistes zen abordent leur sujet sans idée préconçue ni aucun plan. Dans le processus de la création, l'artiste est perdu dans l'instant artistique. Alors, la création jaillit de sa vraie nature. L'artiste ne sait pas ce qui va être créé. Cela se fait, simplement.

Les artistes zen s'immergent totalement dans leur art. Au début, délibérément, l'artiste travaille en état de méditation, centré sur son travail, sans en être séparé. À mesure que le temps passe, une transformation se produit. L'artiste apprend à exprimer l'art, mettant de côté son ego pour laisser le moyen s'exprimer de lui-même. La plupart des gens font l'expérience de cette unité dans l'action pendant de brefs instants. Être capable de la susciter pendant l'acte de création requiert du temps et un sérieux entraînement, à la fois dans l'art et la méditation. L'art zen arrivé à maturité est sans ego et sans but, et découle de l'unité entre l'artiste et l'ouvrage, le technicien et la technique, le créateur et la création.

EXERCICES D'ART ZEN

On apprend le zen en en faisant l'expérience. Au Japon et en Chine, certains arts ont été développés à la manière zen, mais vous pouvez aussi appliquer les principes zen aux arts contemporains. Le choix de la toile de fond n'est pas la question ; c'est l'orientation mentale et spirituelle qui est essentielle.

Les sections suivantes vous proposent plusieurs arts traditionnels zen accessibles. Nous vous encourageons à les découvrir par vous-même. Si vous vous sentez particulièrement attiré par l'un d'entre eux, trouvez-vous un bon professeur – un maître qui vous aidera à évoluer en tant qu'artiste zen. Vous pouvez aussi décider d'appliquer une approche zen à un art contemporain ou à une activité que vous connaissez déjà – un sport, un métier d'artisanat, un instrument dont vous jouez, le dessin, la sculpture, etc. Vous serez surpris par les nouvelles possibilités que vous découvrirez en pratiquant votre art sur la voie zen de la création.

Quel est votre art zen ? Y a-t-il un art zen dans votre vie ? Cela peut être quelque chose d'actif, comme la pratique d'un sport, ou quelque chose de plus calme. Essayez de méditer avant, pendant et après un travail que vous devez faire ou une activité de loisir. Est-ce que votre conscience devient plus profonde ? Trouvez-vous que la qualité de votre attention s'améliore à d'autres moments de la journée ? Effectuez des expériences dans différents domaines, depuis une tâche très brève jusqu'à une activité beaucoup plus longue. Et appréciez la voie à mesure que vous la suivez.

11

Ikebana : être sensible
à la nature des fleurs

*L'art de l'arrangement floral n'est pas un art au vrai sens
du terme, mais plutôt l'expression d'une expérience de la
vie beaucoup plus profonde. On dispose les fleurs de telle
façon qu'elles nous rappellent les lys des champs, dont
Salomon, dans toute sa gloire, ne parvint pas à surpasser
la beauté.* (D. T. Suzuki, *in* G. HERRIGEL 1958.)

La voie des fleurs n'est pas seulement une méthode de
disposition des fleurs, elle forme aussi le caractère et ouvre
le cœur à la beauté de la vie. Comme le disait le maître
Bokuyo Takeda : « L'arrangement correct des fleurs raffine
la personnalité » (HERRIGEL 1958). Comme pour les autres
arts zen, dans l'arrangement floral, la technique est secondaire par rapport au mūrissement intérieur qui prend place.
En se concentrant sur quelque chose de beau, comme des
fleurs, vous trouvez le reflet de cette beauté en vous.

L'arrangement floral s'appelle *ikebana* en japonais. Le
mot *kebana* signifie « faire vivre des fleurs coupées ». La
sensibilité du maître permet à tous de voir la vraie nature
des fleurs. L'art floral a été apporté au Japon par le bouddhisme, avec les offrandes de fleurs présentées au Bouddha.
Plus tard, de très simples arrangements avec une seule
fleur ont été associés à la cérémonie du thé, appelée *cha-*

bana ou « arrangement du thé ». Ikebana fut un art masculin jusqu'en 1868, où les femmes se joignirent à la pratique et contribuèrent à en faire une forme d'art hautement évoluée.

De nos jours, de nombreux styles ikebana créent différents effets. C'est *rikka*, la forme la plus ancienne, qui a ses racines dans les offrandes bouddhistes. Cinq branches ou plus sont arrangées pour engendrer l'harmonie. Les maîtres *nageire* travaillent avec trois branches principales pour donner à leur arrangement une impression de naturel. Dans *moribana*, on utilise aussi trois branches, mais elles sont placées dans un vase bas et large. *Shoka*, la « fleur vivante », tente de montrer le cycle de croissance naturel d'une plante, depuis sa naissance sous forme de graine jusqu'à sa complète maturité. Vers 1890 se développa un style libre, *jyuka*, qui n'a rien à envier aux anciennes formes d'ikebana sur le plan de l'harmonie, de la grâce et de la beauté.

L'arrangement se fait dans un silence méditatif pour laisser s'épanouir un maximum de sensibilité. Les fleurs sont manipulées lentement, avec tendresse. Le chemin de la maîtrise de cet art est une expérience intérieure, la découverte de la nature des fleurs. Traditionnellement, les maîtres d'art floral ne donnaient pas d'instructions détaillées à leurs étudiants. Ceux-ci observaient attentivement le maître en train de créer un arrangement, puis ils travaillaient avec leurs propres fleurs, en harmonie avec l'esprit du maître.

La technique était secondaire et dérivait des principes et de l'esprit du style.

Un principe simple qui fait partie de nombreux styles d'arrangement floral est le Principe des Trois. Nous vivons dans une relation à trois avec l'esprit de la nature, la nature vivante et nous-mêmes. Pourtant, nous nous sentons souvent séparés de notre environnement. La voie des fleurs nous ramène à notre interrelation avec la nature, une fusion entre notre ego et les fleurs. Alors, la relation à trois peut être vécue : l'esprit de la nature, la nature, et nous.

INSTRUCTIONS POUR L'ARRANGEMENT FLORAL

Matériel. Le matériel nécessaire à l'arrangement floral est très simple : trois branches de fleurs séparées, telles qu'on les trouve dans la nature, avec des feuilles intactes, constituent le matériel principal. On utilise couramment des branches de saule.

Une fourche en forme de Y, appelée *kubari*, est coupée à partir d'une petite branche souple et sert de support. Le kubari est inséré dans le vase sur une profondeur de trois à cinq centimètres. Faites cette préparation à l'avance, afin d'être certain que la branche tient fermement dans le vase, sans être trop serrée.

Le vase doit être plutôt ordinaire, d'un style naturel. Traditionnellement, on se servait d'un vase en bambou, mais vous pouvez employer ce que vous voulez, du moment que cela « n'écrase » pas les fleurs. Vous aurez également besoin d'une solide paire de ciseaux à ébrancher et d'une petite scie pour couper les branches. Une serviette sera utile pour essuyer l'eau et les feuilles, et une tasse d'eau pour rafraîchir les fleurs une fois qu'elles seront disposées.

Votre préparation. Avant de commencer, calmez votre esprit. Tout le processus de l'arrangement floral doit être effectué lentement et calmement, rythmé par un équilibre intérieur. Installez votre matériel sans hâte, avec des mouvements mesurés. Puis asseyez-vous tranquillement en méditation, jusqu'à ce que votre esprit soit clair et que vous vous sentiez centré dans l'instant.

Le travail avec les fleurs. Lorsque vous vous sentirez prêt, examinez chaque branche pour son élasticité, sa forme, sa longueur, sa couleur, son odeur, sa texture. Effectuez le plus d'observations possible sur les fleurs. Placez le kubari dans le vase, puis arrangez la plus longue fleur. Ensuite, positionnez les deux autres de façon qu'elles semblent pousser sur la branche la plus longue. Procédez à toutes les coupes nécessaires. La conscience méditative que vous atteignez avec les fleurs peut se prolonger en vous pendant toute la journée.

L'ART ZEN DANS LA VIE QUOTIDIENNE :
LE JARDINAGE

Tout ce que vous faites – votre métier, votre vie de famille, vos loisirs – peut être abordé d'une manière zen. La vie peut être vécue comme un art. Faites-en l'expérience. Pouvez-vous découvrir un art zen dans votre vie de tous les jours ? L'exercice suivant vous mettra sur la voie.

Le jardinage est une activité que beaucoup apprécient. Le zen a développé un style unique de jardinage, qui procure au spectateur une véritable expérience zen. Un jardin zen est simple, voire austère, sans fleurs ni couleurs d'aucune sorte. Le jardin est inclus dans un espace déterminé et se compose de larges pierres, de petits galets et de sable ratissé simplement. Le zen nous montre que nous pouvons percevoir le vide à travers la forme ; le jardin zen crée l'espace vide entre les pierres. Certaines pierres sont partiellement enterrées dans le sable, d'autres posées dessus et disposées de façon asymétrique. La forte relation entre les roches du premier plan et le sable en arrière-plan montre l'interdépendance de la forme et du vide. Le jardin demeure immobile, mais la perception que nous avons se modifie constamment. « Ce que nous voyons dans l'enceinte carrée est, en bref, ce que nous sommes » (ROSS 1960).

Exercice de jardinage. Ce type de jardin zen est d'un style très spécifique, mais vous pouvez appliquer le zen à votre propre jardin. Commencez par rassembler vos outils

– sécateur, râteau, binette, etc. Avant de commencer, méditez jusqu'à ce que vous vous sentiez prêt. Puis commencez à travailler : regardez attentivement vos plantes, appréciez la texture des branches et des feuilles, sentez les fleurs, le sol. Simplifiez votre décoration, abandonnant ce qui est en trop. Tenez compte des interrelations. Apportez autant d'attention aux espaces entre les plantes qu'aux plantes elles-mêmes. Travaillez calmement, avec conscience et sensibilité. Une fois que vous aurez fini, nettoyez vos outils.

12

Cha-no-yu : la voie du thé
pour vaincre le stress

Toute cette idée autour du thé est le résultat de cette concep-
tion zen de grandeur dans les plus petits incidents de la vie.
(OKAKURA 1989.)

Les cérémonies du thé ont été reliées au zen depuis les
temps lointains de la Chine, lorsque les Patriarches zen se
rassemblaient autour d'un portrait de Bodhidharma pour
partager le thé. Boire le thé à la manière zen régénère l'esprit et nous met en étroite communion avec notre nature
intérieure.

La cérémonie du thé connut son apogée au Japon. Un
des premiers hommes à avoir atteint l'éveil zen à travers
le thé fut Mokichi Shuko (1453-1502). Ce fut lui qui ins-
taura le cadre propice à la cérémonie du thé : en dehors
de la routine agitée de la vie quotidienne. Il encouragea
ses compatriotes à se servir de poterie locale, artisanale
plutôt que de porcelaine décorée importée de Chine. Dans
l'esprit de Shuko, nous vous encourageons aussi à utiliser
de la simple poterie, si possible faite de façon artisanale.

Sen no Rikyu (1521-1591) développa la cérémonie telle
qu'elle est pratiquée aujourd'hui. Profondément imprégnée
de l'esprit zen, la « voie du thé », tout comme la voie zen,

ne doit être « rien de spécial », ainsi qu'il l'exprime dans ce poème :

> *Le thé n'est rien d'autre que cela*
> *D'abord vous faites bouillir l'eau*
> *Puis vous laissez infuser le thé*
> *Puis vous le buvez correctement*
> *C'est tout ce que vous devez savoir.*
> (Sadler 1994.)

Ce « rien de spécial » inclut quatre vertus zen : harmonie, tranquillité, pureté et révérence. Ces qualités sont révélées pendant la cérémonie du thé, ce qui en fait une expérience digne d'intérêt.

L'harmonie, aussi traduite par « esprit de douceur » (D.T. Suzuki 1973), implique la sérénité de l'environnement. L'éclairage de la pièce est tamisé, les bruits sont atténués, et tous les ustensiles sont manipulés avec délicatesse. Les maîtres du thé manifestent aussi cette douceur de l'esprit en étant intérieurement calmes et d'une humeur égale pendant qu'ils préparent tranquillement le thé.

Une atmosphère de douce harmonie préside à toute la cérémonie du thé. Dans cette atmosphère, tout est tranquille. Le thé offre un moment de calme, loin de l'agitation de la vie quotidienne. La sérénité de l'environnement pénètre les pensées et les émotions de tous les participants. Intérieur et extérieur sont unifiés et calmes. On s'entraîne à tout le rituel jusqu'à ce qu'il puisse être accompli sans pensée.

Alors, le principe bouddhiste de non-dualité peut s'exprimer dans les mouvements calmes et sûrs du maître du thé.

Les cérémonies du thé demeurent pures, sans ornements superflus, en accord avec le vide zen. Seuls les ustensiles nécessaires à la préparation et au service du thé sont utilisés. Sans aucun excès, le maître du thé peut apprécier chaque objet. Cette chaleur que l'on ressent profondément envers ses possessions, surtout quand elles sont employées depuis longtemps et usagées, s'appelle *sabi*. Sabi s'approfondit avec le temps, comme la douce patine qui recouvre le vieux bois. Lorsqu'une personne élargit cette expérience et qu'elle vit avec peu d'objets matériels dans tous les domaines, on dit qu'elle a atteint *wabi*, c'est-à-dire qu'elle a trouvé l'accomplissement de la richesse intérieure plutôt que de dépendre d'une source extérieure de bonheur.

Lorsque nous nous découvrons nous-mêmes en tant que partie intégrante de la nature, nous éprouvons de la révérence. Le zen nous enseigne à éprouver de la révérence envers tous les êtres, si insignifiants qu'ils puissent paraître. Du point de vue de l'éveil, nous devrions tout apprécier de façon égale, du plus petit et du plus simple au plus complexe et au plus vaste. Tout se reflète dans chaque chose. La cérémonie du thé représente cette relation. La salle du thé, les ustensiles, le thé et chaque action sont traités avec révérence.

L'imperfection peut sembler une curieuse vertu, cependant les bouddhistes zen croient que la perfection est une illusion. La voie du thé consiste à accepter, apprécier et révérer ce qui se passe naturellement, pour ce que c'est. La nature est parfaite dans son imperfection. Rikyu a montré sa compréhension de cette conception dans son entraînement. On lui demanda de balayer le chemin qui menait à la maison de thé. Lorsque le moindre grain de poussière eut disparu, il secoua le feuillage d'un arbre jusqu'à ce que plusieurs feuilles tombent sur le chemin. « Maintenant, c'est parfait ! » déclara-t-il.

Pour Rikyu, toutes les valeurs du thé trouvent leur expression partout et dans toute chose :

Quand vous prenez une gorgée
Du bol de thé en poudre
Là à l'intérieur se trouvent
Clairement reflétés dans ses profondeurs
Le bleu du ciel et le gris de la mer.

(Rikyu, *in* SADLER 1967.)

Au fil des années, certaines cérémonies du thé ont inclus un repas, d'autres seulement un dessert. Des cérémonies précises ont aussi été développées dans ces cas-là, avec des instructions spécifiques pour le maître du thé, « l'hôte », et les « invités ». Vous pouvez procéder à une simple cérémonie du thé quand vous vous trouvez entouré de pressions, comme un moyen de vous aider à accomplir votre tâche calmement. Lorsque les soucis du monde sont temporairement éloignés, le thé peut devenir une voie vers l'expérience éveillée.

INSTRUCTIONS POUR LA CÉRÉMONIE DU THÉ

Dans le passé, les cérémonies japonaises du thé étaient célébrées dans une maison séparée avec une petite structure en bois, rustique et simple. Vous pouvez néanmoins faire l'expérience du thé dans votre propre maison ou jardin. Bien que l'environnement extérieur aide à intensifier les sentiments, l'esprit du thé vient, en fin de compte, de l'intérieur.

Trouvez un coin tranquille dans votre maison et préparez-vous à l'avance. Videz l'espace de ses meubles. Posez un simple petit tapis sur le sol et apportez une petite plante, une fleur ou une seule image. Vous pouvez faire brûler de l'encens, mais rien de trop fort. Les maîtres japonais du thé employaient souvent de l'encens provenant d'arbres tropicaux qui avaient été enterrés sous l'eau pendant de nombreuses années (D. T. Suzuki 1973). Les décorations doivent être arrangées selon l'occasion et les invités, mais tout doit rester simple, sans apprêts. Si vous n'avez pas de place à l'intérieur, cherchez un endroit calme à l'extérieur.

Rassemblez vos ustensiles : théière, tasses, eau et thé. Vous aurez aussi besoin d'une source de chaleur, comme un petit hibachi, une plaque chaude, ou le bois incandescent d'une cheminée. Vous pouvez choisir différentes sortes de thés. La tradition recommande du thé en poudre et un fouet pour le remuer. Aujourd'hui, la plupart des thés sont en feuilles, préparés par fermentation. Utilisez ce que vous trouverez : l'esprit du thé transcende toute technique ou méthode particulière. Entraînez-vous à préparer le thé jusqu'à ce que vous y parveniez en douceur, avec un esprit clair et concentré.

Lorsque vous serez prêt, faites entrer vos invités. Dans les maisons de thé japonaises, la porte d'entrée est basse afin que tous ceux qui y entrent courbent la tête. Traditionnellement, les empereurs comme les paysans devaient pénétrer ainsi. Tous les êtres sont égaux dans une maison de thé. Essayez d'entretenir une atmosphère de respect mutuel à votre propre cérémonie du thé. Ne parlez pas, si ce n'est pour saluer vos invités ou donner des instructions. Encouragez vos invités à s'asseoir par terre, se faisant face, et à accorder une grande attention à la préparation du thé. Dites-leur de méditer sur ce qu'ils voient, sentent, éprouvent et goûtent.

Appréciez la tranquillité, momentanément libérée d'obligations. Après le thé, l'esprit clair et la conscience aiguisée, vous vous découvrirez peut-être un regain d'énergie pour faire face à vos responsabilités.

13

La voie poétique, l'expression illuminée

Sable, brise, soleil
S'unissent à la mer primitive
Ne formant plus qu'Un
Font l'expérience de l'unité.
                    (C. Alexander Simpkins.)

La poésie est employée par les moines depuis le commencement du zen et continue à jouer un rôle essentiel dans son évolution. Les poèmes sont souvent métaphoriques, permettant aux pratiquants d'indiquer la voie avec des mots. Les idées difficiles à communiquer deviennent souvent plus claires grâce à la poésie.

Depuis le commencement, la poésie a été le moyen de prédilection pour exprimer le zen. La célèbre description du zen par Bodhidharma, en tant que transmission spéciale en dehors des mots et des lettres, fut écrite sous forme de poème (voir l'introduction du chapitre 5). La première explication du zen retranscrite, le « Hsin Hsin Ming », composé par le Troisième Patriarche chinois Seng-ts'an, révèle l'approche de la non-dualité par la poésie. En voici la dernière stance :

Une chose est toutes choses
Toutes choses sont une chose...
Ce qui est duel n'est pas l'esprit qui croit

Par-delà les langages,
Pour lui il n'y a pas de passé, pas de présent, pas de futur.
(B<small>LYTH</small> 1964.)

L'importance de la poésie dans l'histoire du zen s'est perpétuée avec Hui-neng, le Sixième Patriarche. Comme nous l'avons décrit au chapitre 2, le poème de Hui-neng impressionna grandement Hung-jen, le convainquant que ce sage moine laïque devait fonder sa propre école de zen, la branche du soudain éveil.

À la suite de Hui-neng, de nombreux pratiquants zen utilisèrent la poésie pour exprimer l'illumination. Muso (1275-1351), professeur au Japon, avait voyagé de monastère en monastère, recherchant vainement l'éveil. Un soir, épuisé et frustré, Muso s'appuya contre ce qu'il prit pour le mur d'un jardin. Mais le mur n'était pas là où il s'attendait à le trouver, et il tomba en arrière. Ce fut à cet instant qu'il trouva l'éveil ! Voici le poème qu'il écrivit alors :

Pendant de nombreuses années j'ai creusé la terre et scruté le ciel bleu,
Et souvent, bien souvent mon cœur est devenu de plus en plus lourd.
Une nuit, dans le noir, je pris la pierre et la brique,
Et stupidement je découvris l'essentiel du ciel vide.
(D<small>UMOULIN</small> 1990.)

Hakuin, l'un des moines japonais les plus influents, composa de nombreux ouvrages d'art au cours de sa longue carrière. Son poème *Zazenwasan* a aidé de nombreux étudiants à découvrir leur esprit de bouddha. En voici les dernières lignes :

> *À cet instant précis, qu'avez-vous à chercher de plus,*
> *Avec le nirvana lui-même qui se manifeste devant vous ?*
> *Cet endroit précis, c'est le Pays du Lotus,*
> *Ce corps précis, c'est Bouddha.*
>
> (Dumoulin 1990.)

EXERCICE DE POÉSIE

Après avoir médité, ou peut-être après une expérience profonde, faites l'expérience d'écrire votre propre poème d'éveil. Exprimez-vous directement, sans interprétation ni jugement.

HAIKU

> *[Haiku est] la transcription d'un moment d'émotion dans lequel la nature humaine est comme liée à toute nature.* (Henderson 1977.)

Haiku est un genre de poésie associé au zen. C'est quelque chose de très simple, avec un format très spécifique : trois lignes, dix-sept syllabes. Comme le thé, haiku exprime les valeurs zen. Avec une simplicité proche du dépouillement, ce petit nombre de mots indique une expérience totale. Haiku n'est pas romantique et ne décrit pas des sentiments détaillés. Comme l'éveil zen, haiku est immédiat, exprimant l'expérience directe de l'auteur et entraînant avec lui l'auditeur dans l'instant. Souvent, les thèmes tournent autour de la nature, narrant une petite anecdote et montrant ainsi l'importance de chaque instant, comme dans ce poème :

Une petite grenouille
Grimpant sur une feuille de banane,
Tremblant.

(Kikaku, 1660-1707, *in* D. T. Suzuki 1973.)

Basho, le fondateur du haiku moderne, fut l'un des plus célèbres poètes de ce genre. Ses poèmes tranchaient dans l'essence du moment. En réponse à la question « Comment allez-vous ? » posée par Buccho, son maître zen, pour évaluer ses progrès, on dit que Basho créa ce haiku : « La mousse est devenue plus verte après la pluie. »

Buccho, voulant savoir si la compréhension de Basho s'était approfondie, demanda : « Quel zen y a-t-il avant que la mousse devienne plus verte ? » La réponse de Basho fut celle d'un esprit éveillé :

Une vieille mare, ah !
Une grenouille saute :
Le bruit de l'eau.

L'image du « plouf » de la grenouille est celle du plus célèbre haiku zen. Le haiku de Basho communique son expérience directe à cet instant particulier.

Haiku nous révèle l'instant dépourvu de toute distorsion mentale et de coloration émotionnelle ; ou plutôt, il nous montre la chose telle qu'elle existe en même temps à l'intérieur et à l'extérieur de l'esprit, de manière parfaitement subjective ; nous-mêmes étant indivisibles de l'objet dans son unité originale avec nous-mêmes. (BLYTH 1969.)

Instructions pour écrire un haiku. Vous pouvez écrire votre propre haiku. Les règles du haiku japonais classique sont très simples : chaque poème comporte dix-sept syllabes et trois lignes, sous la forme de cinq-sept-cinq. Il doit comporter une référence à la nature lors d'un événement ou d'une expérience particulière, concrète. Les généralisations et les abstractions ne sont pas prises en compte dans le haiku zen.

En français, il se peut que le nombre de syllabes ne soit pas exact, bien que le principe des trois lignes soit pratiquement universel. L'idée est d'écrire un poème court, en vous exprimant avec le minimum de mots. Gardez les règles à l'esprit pour vous aider à entrer en contact avec votre esprit zen poétique.

14

Sumi-e : le coup de pinceau
de la conscience

*La peinture zen est l'aboutissement du satori : c'est la façon
dont il s'exprime sur le plan pictural.* (HERRIGEL 1971.)

DE NOMBREUSES FORMES : UNE VOIE

Un maître zen a dit un jour : « Si vous voulez voir, voyez
immédiatement » (D. T. SUZUKI 1973). La peinture à l'encre
zen, ou sumi-e, est ainsi : une réflexion directe de la voie.
Au fil des siècles, les peintures zen ont adopté différentes
formes : portraits de patriarches et de bouddhas, peintures d'éveil, représentation d'événements, calligraphies
et paysages.

Les peintures zen diffèrent des peintures bouddhistes traditionnelles. Bouddha était historiquement représenté dans
de riches couleurs, avec un grand luxe de détails et de
décorations. Il apparaissait dans toute sa majesté, tel un personnage céleste, assis en profonde méditation. La pratique
du zen a toujours été « rien de spécial ». Les idéaux et
standards célestes sont secondaires pour la vision intérieure. Les peintures zen représentent tous les êtres, même
Bouddha, comme des individus ordinaires, humains.

Les peintures zen montrent Bouddha et les patriarches
engagés dans l'action, comme le veut la voie zen. Bouddha

est représenté tenant une fleur, lors de la première transmission zen à Mahakasyapa. Dans une autre peinture, Bouddha revient de la montagne après son illumination. De nombreuses peintures racontent les multiples histoires de Bodhidharma : par exemple, quand il fait face au mur de la caverne, en méditation.

Certaines peintures reproduisent l'instant d'un éveil individuel. Fidèles à l'esprit zen, les sujets de ces peintures peuvent être très ordinaires, de même que l'éveil a souvent lieu au milieu de la vie quotidienne. Un exemple fameux est celui de Pu-tai (Ho-tei), un joyeux personnage, parfois appelé le Père Noël chinois, qui portait un gros sac et avait toujours une lueur bienveillante dans le regard. Parfois, les peintures zen illustrent l'illumination d'un ancien patriarche chinois, accompagnée de son poème d'éveil.

Les peintures du gardien de troupeau, une série de huit à dix dessins représentant le voyage vers l'éveil, ont été recréées par maints artistes. L'histoire se déroule de tableau en tableau, à l'intérieur d'un cercle. Tout d'abord, le bouvier cherche son bœuf, puis on le voit suivant sa trace, le repérant, l'attrapant, le domestiquant, puis le montant jusque chez lui. Ensuite, le bouvier transcende le bœuf et est montré en méditation. Dans le huitième tableau, un cercle vide, le bœuf et le moi sont tous deux transcendés. Des versions plus tardives ajoutent deux tableaux : l'éveil, puis le retour au monde en tant que bodhisattva illuminé pour aider les autres. Le bouvier dit : « Je me rends à la boutique de vin et au marché, et tous ceux que je regarde deviennent éveillés » (REPS 1994).

Le zen a toujours été très proche de la nature. Puisque tout possède la nature de bouddha, « Les rivières et les fleuves, la terre sont des manifestations du corps divin de la Loi » (AWAKAWA 1981). Les artistes représentent leur unité avec la nature par des traits de pinceau expressifs qui suggèrent la forme en devenir, comme le passage du temps. On peut presque voir les feuilles frémir dans la brise.

LE MÉDIA EST LE MESSAGE

Long, court, loin ou près
Ce qui est ne doit pas être un objet de pensée
De crainte d'obscurcir notre vision
Qui est déjà claire.

(C. ALEXANDER SIMPKINS.)

Les peintures zen sont généralement effectuées à l'encre noire, à l'aide de simples traits de pinceau pour communiquer le zen. Les mots de Marshall McLuhan sont tout à fait appropriés : « Le média est le message. » Les peintres zen n'ont pas développé de techniques originales qui leur soient propres, pourtant, la façon dont l'encre est appliquée caractérise ces peintures. Fluidification, badigeons graduels, encre éclaboussée constituent certaines des techniques employées. Le résultat est un style abstrait, parfois plus avant-gardiste que les modernes !

L'aspect « ébauché » d'une peinture zen est donc très différent de ce que nous entendons en Occident par « esquisse ». C'est une exposition abrégée qui se concentre sur la nature interne essentielle des choses. (BRINKER 1987.)

Toutes les peintures sumi-e ne sont pas des peintures zen. Par exemple, certaines ont été influencées par le taoïsme. Dans ces tableaux, un petit personnage est représenté parmi un vaste paysage de montagnes et d'arbres pour indiquer l'unité avec la nature. En comparaison, le sumi-e zen est plus simple, avec moins de traits, suggérant souvent l'image sans la montrer clairement.

Le zen japonais a exercé une grande influence sur le développement et l'affinement du sumi-e. Les peintres sumi-e zen se sont libérés des règles et des techniques afin d'exprimer leur esprit intérieur. Ils ont peint avec sincérité et simplicité, créant des œuvres très différentes des représentations intellectuelles.

LE ZEN INSPIRE LES ARTISTES OCCIDENTAUX MODERNES

L'influence du zen est perceptible dans l'art occidental contemporain. De nombreuses œuvres zen anciennes ont une apparence très moderne et, de nos jours, l'art zen continue à séduire. Il a grandement influencé le mouvement d'art moderne européen, de même que la philosophie zen. Vincent Van Gogh (1853-1890) s'intéressait à l'art japonais, particulièrement à la gravure sur bois. Wassily Kandinsky (1866-1944), connu pour ses taches abstraites et ses traits de couleur, était sensible à la profondeur spirituelle exprimée dans l'art zen. Il écrivait :

C'est précisément ce « ton intérieur » qui manque en Occident. En effet, on ne peut rien y faire : pour des raisons qui nous sont obscures, nous nous sommes détournés de l'interne au profit de l'externe. Pourtant, peut-être que nous autres Occidentaux n'aurons pas, après tout, besoin d'attendre trop longtemps avant que ce même son intérieur, si étrangement réduit au silence, se réveille en nous et, émergeant du plus profond de nous-mêmes, révèle involontairement son affinité avec l'Orient… Dans les plus sombres profondeurs de notre esprit résonnera un son universel, bien qu'il soit actuellement inaudible pour nous : le son de l'esprit de l'homme. (In WESTGEEST *1996.)*

D. T. Suzuki enseigna directement à de nombreux artistes américains ou les influença indirectement. John Cage (1912-1992), qui étudia avec Suzuki à l'université de Columbia, appliqua les principes zen à la musique pour devenir libre et spontané. Il sentait que le but du zen était d'éveiller les êtres et déclara que son propre art « ranimait le cœur de la vie que nous vivons » (CAGE 1961). Il fut l'un des premiers musiciens à faire participer le public à son spectacle, incorporant les sons spontanés qu'ils émettaient pendant le concert à l'œuvre elle-même. Toujours activement engagé dans ses idées, Cage rassembla de nombreux artistes et musiciens au sein d'un groupe créatif, The Club, où l'on discutait sur le zen, le *Yi king* et l'existentialisme. Les artistes abstraits Franz Kline (1910-1962), Ad Reinhardt (1913-1967) et Rollin Crampton (1886-1976), tous membres du Club, furent profondément influencés par le zen à travers Cage, et utilisèrent la philosophie zen pour augmenter leur créativité et leur spontanéité.

INSTRUCTIONS POUR LE SUMI-E

L'artiste tend vers une adroite désinvolture dans le contrôle du pinceau ; la coordination entre l'esprit, l'œil et le pinceau doit aboutir au trait libérant la spontanéité, la force et la beauté. (Ukai Uchiyama, *in* THOMPSON 1968.)

Sumi-e se prête bien au zen, puisqu'il emploie un matériel réduit, peu de traits et des thèmes simples. Dans les arts zen, les techniques sont toujours secondaires par rapport à l'expression spirituelle. En gardant cela à l'esprit, nous vous encourageons à suivre ces instructions en y voyant le moyen d'exprimer votre lumière intérieure. Soyez patient. Lorsque vous saisissez un pinceau, consacrez-vous pleinement à votre art. Vous pouvez effectuer de brèves séances ou une étude prolongée. La durée n'est pas le but ; recherchez l'intensité du moment.

MATÉRIEL

Les outils nécessaires pour la peinture sumi-e sont très simples : pinceaux, pierre à encre, encre, assiettes d'eau et papier. La pierre à encre, appelée *suzuri*, est utilisée pour mélanger et contenir l'encre. Ces pierres sont généralement de forme rectangulaire, mais elles peuvent aussi être rondes, ovales ou de forme naturelle. La pierre doit être lisse et dure. Sumi-e est le nom que l'on donne à l'encre noire employée. Traditionnellement, on la trouvait sous forme de bâton d'encre que l'on mélangeait à de l'eau, mais vous pouvez aussi l'obtenir sous forme liquide. Il existe différentes qualités de sumi-e et les opinions varient sur celles qui sont les meilleures. Prenez conseil auprès de votre magasin d'art.

Utilisez du papier de riz doux et absorbant ; il est en fait composé de différentes fibres végétales. On le trouve souvent sous forme de larges feuilles d'environ 70 sur 137 cm, ou en rouleaux. Vous pouvez vous exercer sur du papier journal mais, en employant du papier de riz, vous « sentirez » mieux la façon dont l'encre est absorbée par le papier.

Les pinceaux sumi-e ont de longs manches en bambou. Ils sont de tailles variées et comportent différents types de poils pour que l'on puisse effectuer différents types de traits. Vous pouvez commencer avec deux ou trois pinceaux de base. *Menso* est un pinceau utilisé pour dessiner les traits fins. Pour des traits plus doux, choisissez un *sokumyo*. Les pinceaux *mokkutsu* sont plus larges. Des assiettes creuses, habituellement blanches, d'environ 15 cm de diamètre, ou moins, sont employées pour tester la qualité du noir de l'encre et contrôler la quantité d'encre sur le pinceau.

Les artistes japonais étalent un grand tissu de feutre sur le sol et s'agenouillent sur un petit coussin, se penchant sur leur ouvrage. Si la position à genoux n'est pas confortable pour vous, posez votre ouvrage sur une table capitonnée (pour l'absorption). Asseyez-vous sur un grand tabouret ou une chaise, ou bien tenez-vous debout pour pouvoir dominer votre travail. Assurez-vous simplement que vous avez assez de liberté de mouvement.

Préparation. Avant de commencer, fermez les yeux et méditez. Lorsque vous vous sentirez totalement présent dans l'instant et libéré des pensées distrayantes, préparez vos instruments tout en étant en méditation. Rassemblez vos pinceaux, préparez votre papier, sortez l'encre, la pierre à encre, les assiettes. Portez toute votre attention au déroulement du processus. Notez le contact avec les pinceaux, la texture et la consistance du papier. Disposez tout soigneusement. Puis asseyez-vous un instant et, de nouveau, clarifiez votre esprit. Respirez tranquillement, détendez vos bras, levez-les, puis abaissez-les à chaque mouvement respiratoire. Une fois prêt, commencez à travailler.

Préparer l'encre. L'encre et l'eau mélangées vont créer toutes les nuances dont vous avez besoin pour la peinture sumi-e. Ainsi, la vraie nature de la peinture zen commence par la simplicité des matériaux eux-mêmes. Versez une petite quantité d'eau dans l'assiette à eau.

Si vous utilisez un bâton à encre, vous devrez préparer votre encre avant chaque séance de peinture. Abordez cette tâche de manière méditative. Notez la façon dont l'encrier se penche au-dessus du petit puits. Versez une petite quantité d'eau dans le puits. Tenez le bâton de sumi-e perpendiculairement à la pierre et frottez-le d'avant en arrière sur la surface de la pierre, en le trempant de temps en temps dans l'eau. Ce mélange doit s'effectuer sans hâte. Profitez-en pour clarifier votre esprit tout en vous concentrant totalement sur le calme mouvement d'avant en arrière. Continuez, jusqu'à ce que le sumi-e ait la consistance d'une riche crème à l'aspect un peu terne. Cette mixture épaisse s'appelle *noboku*, encre épaisse. Versez une partie de l'encre dans une seconde assiette creuse et ajoutez de l'eau pour créer *choboku*, une encre de consistance moyenne. Enfin, créez une encre encore plus légère, *tomboku*, qui se compose essentiellement d'eau.

Tenir le pinceau. Tenez le pinceau par la partie supérieure, entre le pouce et l'index, les autres doigts servant de support. Gardez votre main détendue. Cherchez une position confortable.

Les coups de pinceau. Le coup de pinceau est le point central de la peinture à l'encre. Ces techniques constituent des indications. Par la suite, vous découvrirez vos propres techniques. La peinture sumi-e vient de votre expérience ressentie.

Les traits sont effectués librement et avec confiance, sans hésitation. La meilleure façon d'apprendre consiste à s'entraîner. Trempez le pinceau dans l'eau. Puis pressez-le doucement avec les doigts pour l'essorer en remettant les poils à leur place. Trempez ensuite le pinceau dans un de vos mélanges d'encre, perpendiculairement au papier. Gardez le poignet droit et posez le pinceau sur le papier en accomplissant un geste du bras qui part de l'épaule. La sensibilité pour le trait vient du bout des doigts, mais le mouvement provient de tout le bras. Peignez rapidement et régulièrement, en maintenant une pression égale tout le long du trait. Expérimentez différentes directions sur le papier.

Ensuite, essayez un cercle. Utilisez le même trait en faisant bouger votre main, votre bras et votre épaule dans un mouvement continu. Si vous pratiquez les arts martiaux, vous reconnaîtrez une unité de mouvement similaire. Une fois que vous « ressentirez » bien ce mouvement libre, essayez d'autres traits et formes. Vous pouvez varier la pression et la direction du pinceau sur le papier, ce qui vous ouvre des possibilités illimitées. Soyez audacieux ou doux, fort ou faible – exprimez-vous librement !

Une autre technique spécifique au sumi-e est *mokkotsu*, un coup de pinceau sans aucune ébauche. Il comporte toutes sortes de nuances. Humidifiez d'abord votre pinceau dans l'eau, puis chargez-le d'encre de façon que l'encre la plus sombre soit à la pointe et la plus légère sur le côté du pinceau. Appuyez celui-ci sur le papier en formant un angle, vous obtiendrez plusieurs variations de tons. Poursuivez le trait aussi longtemps que vous le pouvez.

La liberté d'expression fait partie intégrante de l'art du sumi-e. L'esprit intérieur des anciens maîtres, qui créaient avec une grande originalité, transparaissait dans leur œuvre. *Iren*, le trait continu, est le mouvement fluctuant du pinceau sumi-e ; comme dans la calligraphie, ou quand on écrit d'un geste régulier, une lettre après l'autre. Dans le sumi-e, des traits continus se suivent librement, l'un après l'autre. Pour en faire l'expérience, faites effectuer à votre bras une série de mouvements circulaires. Le pinceau touche le papier pendant que vous bougez et commencez à créer divers motifs. Vous pouvez penser à des branches ou à de longues herbes se balançant au gré du vent.

L'art du sumi-e est une unité entre le pinceau, l'encre, le papier et l'artiste. Avec le temps, vous acquerrez une sensation interne de la juste quantité d'encre et d'eau à utiliser, de la pression exacte à exercer sur le papier, et vous vous sentirez un avec l'esprit que votre peinture exprime.

15

Arts martiaux : trouver le pouvoir interne

Tout ce qui est fait dans le karaté – chaque mouvement, chaque sensation – peut être relié à un principe du zen. Un étudiant qui négligerait ce fait passerait à côté de l'élément vital du karaté. (MATTSON 1963.)

LE ZEN ET LE MANIEMENT DE L'ÉPÉE

Dès ses débuts au Japon, le zen a été utilisé dans le domaine pratique. Eisai, considéré comme le fondateur du zen dans ce pays, entraînait dans ses monastères les samouraïs des shoguns Hojo (1203-1301). Les koans zen étaient employés pour développer les attitudes et l'esprit des samouraïs, les aidant à tenir leur rôle de guerriers. Au fil du temps, on trouva couramment dans les temples rinzai un programme d'entraînement pour samouraïs incluant des koans zen. Les étudiants samouraïs étaient interrogés sur des koans, et ils devaient trouver les réponses correctes pour être certifiés. Les shoguns croyaient que l'entraînement des koans donnait du nerf à leurs épéistes. Un maître d'armes accompli, voyant son élève maîtriser totalement son art, lui dit : « À présent, mon instruction doit céder le pas à l'enseignement zen » (NITOBE 1969). Cette tradition s'est perpétuée jusqu'à nos jours dans certaines écoles d'arts martiaux, comme le taekwondo, où l'examen de passage des ceintures ne requiert pas seulement des qualités physiques, mais est aussi un test de compréhension plus profonde à travers les koans.

Une histoire du professeur d'Hakuin, Shoju Ronin (1642-1721), illustre clairement ce point : un de ses élèves lui fit avec arrogance une remarque concernant l'application du zen : « Vous êtes peut-être un grand maître du zen et de sa théorie, mais dans un véritable combat à l'épée vous seriez incapable de me battre. » Shoju sourit calmement et répondit : « Vraiment, c'est ce que vous croyez ? Eh bien, pourquoi ne pas faire un test ? Attaquez-moi maintenant, avec toute votre force ! » Décontenancé, l'épéiste s'empressa de répondre : « Je ne peux pas faire ça, je vous tuerais. » Mais Shoju le rassura : « Oh, ne vous inquiétez pas. J'utiliserai mon éventail pour me défendre. »

À présent, le samouraï était intrigué. Il se mit donc en position de combat, tira son épée et attaqua. Mais Shoju esquivait chacune de ses attaques, tout en comblant chaque ouverture apparente avec son éventail. Après plusieurs coups portés ainsi dans le vide par le samouraï, Shoju se rapprocha tout à coup et toucha celui-ci au cœur avec son éventail, lui démontrant avec quelle facilité il aurait pu le tuer dans un combat réel. Très impressionné, le samouraï s'inclina en disant : « Vous êtes vraiment un grand maître de l'art martial ! » Shoju répondit modestement : « Le principe reste le même, quelle qu'en soit l'application. »

Takuan fut un prêtre bouddhiste renommé qui écrivit des traités zen sur le maniement de l'épée faisant autorité.

Il conseillait aux samouraïs d'améliorer leur manière de combattre en appliquant le non-esprit zen. Il enseignait que, quand il n'y avait rien dans l'esprit, on était comme une roue tournant librement. À partir d'un centre vide, le combattant fonctionne à son maximum. L'essence des arts martiaux, ainsi qu'il l'écrivit à son ami et étudiant épéiste Munenori Yagyu (*The Mysterious Record of Immovable Wisdom, in* Takuan 1986), consiste à ce que l'esprit ne soit retenu par rien. L'esprit doit rester vide, et l'attention se porter naturellement où elle en a besoin. Alors, beaucoup de choses sont possibles et, quel que soit l'entraînement que l'on effectue, il sera réussi automatiquement, en un éclair.

Le centre d'attention ultime est le non-centre, sans distinction entre soi et les autres. L'épée devient une extension de l'épéiste, et la technique correcte se manifeste instinctivement, dans une réponse naturelle à la situation. Et cela, grâce à une réponse instant par instant au défi qui se présente, sans pensée. La stratégie ultime est la non-stratégie.

Les principes de plusieurs écoles d'épée ont été profondément influencés par le zen, grâce à Takuan et à d'autres maîtres zen. Miyamoto Musashi (1584-1645), épéiste incomparable dans le Japon féodal, était aussi un élève de Takuan. Musashi écrivit le guide classique de la stratégie, *The Book of Five Rings*, dans lequel il expliquait des stratégies spécifiques. Cependant, le summum des techniques de l'épée était la voie de la non-technique. Il consacra son dernier chapitre au vide. « La sagesse a une existence, le principe a une existence, la voie a une existence, l'esprit n'est rien » (Musashi 1974).

ARTS MARTIAUX

La sagesse pratique du zen s'est inscrite dans de nombreux arts martiaux et a maintenant une longue et honorable histoire d'interactions avec une grande variété de styles de karaté contemporain, taekwondo et kung fu. Les principes et les techniques zen s'appliquent aux arts martiaux de nombreuses façons, d'une part dans l'attitude mentale et martiale des pratiquants, et d'autre part en tant que stimulus créatif. Takuan pensait que la technique et l'esprit étaient comme les deux roues d'une charrette. De nos jours, on les comparerait plutôt aux deux roues d'une bicyclette. Si une roue est cassée, aucun mouvement n'est possible.

Certains arts martiaux du vingtième siècle, comme le taekwondo de Duk Sung Son, incluent le zen dans l'action. Comme Dogen, qui encourageait ses disciples à méditer avec une dévotion absolue, quels que soient les sentiments qu'ils éprouvaient dans l'instant, Duk Sung Son incite ses élèves de taekwondo à se donner corps et âme dans chaque séance d'entraînement. « Toujours meilleur ! » clame-t-il avec conviction.

Le taekwondo inclut des périodes de méditation zen dans l'entraînement et la pratique. Les élèves ne se contentent pas de s'asseoir en méditation, ils méditent aussi tout en effectuant leurs exercices physiques. L'unité physique, mentale et spirituelle se généralise dans la vie de tous les jours.

LE COURAGE

Les pratiquants d'arts martiaux participent à des activités de contact comme l'autodéfense qui peuvent susciter la peur. Pourtant, pendant l'entraînement, ils apprennent à affronter des situations potentiellement dangereuses avec grand courage. Comment y parviennent-ils ? Le zen propose une nouvelle perspective.

Shoju Ronin pensait qu'un maître de zen qualifié devait être capable de méditer même face au danger, et il utilisait sa propre expérience pour démontrer le pouvoir de la méditation à ses élèves. Un jour, son village fut terrorisé par une bande de loups affamés. Pendant sept nuits, Shoju médita seul dans le cimetière. Les loups s'approchèrent, lui reniflant le cou et les oreilles. Shoju continuait à méditer profondément. Ils tournèrent autour de lui, mais le laissèrent tranquille. Shoju croyait que le véritable adversaire n'est pas à l'extérieur, mais à l'intérieur de nous. Il disait : « Les pensées erronées sont beaucoup plus terrifiantes que les tigres et les loups » (YAMPOLSKY 1971).

La philosophie occidentale prétend que le courage est une vertu qu'il faut pratiquer, sans tenir compte du fait que la peur et l'anxiété qu'elle génère peuvent être extrêmement perturbantes. Mais le zen offre une alternative : transcender l'effort de tenter d'avoir du courage ou d'être courageux. Nous ne pouvons pas échapper à la peur. Nous pouvons seulement nous élever au-dessus de son emprise en réalisant et acceptant sa vraie nature. Dans le zen, le courage et la peur n'existent pas en tant qu'objets extérieurs à soi-même.

Selon le zen, le problème de la peur ne réside pas dans la situation elle-même, mais dans notre réaction face à la situation, notre manière d'interpréter la réalité. Le zen nous invite à faire l'expérience de quelque chose de différent, quelque chose qui change radicalement l'expérience de la peur : on peut surmonter celle-ci en la transformant. La solution n'est pas de la supprimer, mais d'en changer le processus.

Une émotion comme la peur peut être vécue comme une émotion transitoire comme les autres si elle est perçue dans un contexte différent avec l'unité pour toile de fond. Ce nouveau contexte peut changer le sens de la peur pour nous. Elle peut toujours être ressentie, mais dans une perspective différente, intégrée à l'unité. Elle fait maintenant partie d'un sentiment accepté dans l'instant. La peur « est » simplement, et en même temps elle n'est pas. Il y a seulement ce moment mystérieux, avec une nuance émotionnelle, toujours en cours.

Ernest Hemingway affirmait : « Le courage est de la grâce sous pression. » Mais, pour un bouddhiste zen, au sens profond, chaque instant est significatif. Il n'y a pas d'instant avec pression, et pourtant pas d'instant sans pression. Tout est important, et rien n'est important. Ces paradoxes sont résolus dans la méditation, lorsque le vide devient réalité.

DISCIPLINE

La discipline peut être difficile à développer, pourtant les pratiquants d'arts martiaux sont connus pour leur faculté à être disciplinés. Le zen les aide à entraîner esprit, courage et discipline. Que ce soit à l'entraînement ou dans la vie quotidienne, « l'effort de ne pas arrêter l'esprit à un endroit – c'est cela, la discipline » (TAKUAN 1986). La méditation zen peut vous aider à développer votre propre discipline, qui peut être sollicitée quand c'est nécessaire. Paradoxalement, centrer son esprit tout en le laissant libre exige un grand contrôle et de la discipline : il faut être délibérément spontané ! L'autodiscipline devient spontanée et sans effort quand l'attention est débarrassée de restrictions erronées.

EXERCICE POUR VIDER L'ESPRIT

Lorsque vous interprétez une situation de façon étroite, une réponse créative à cette situation n'est pas possible. En revanche, lorsque vous libérez votre attention de tout carcan, vous pouvez spontanément suivre directement chaque situation, telle qu'elle est, sans idées préconçues.

Suivez les instructions pour le zazen (données au chapitre 9), asseyez-vous confortablement dans un endroit tranquille et méditez. Une fois que vous vous sentirez l'esprit relativement clair, sans pensée, jetez un coup d'œil à votre environnement. Si vous êtes à l'intérieur, remarquez les murs, les meubles, leurs couleurs, leurs formes, l'espace – tout ce qui suscite votre intérêt. Ne vous arrêtez pas pour penser à ce que vous observez. Laissez votre attention continuer à se promener librement dans toute la pièce. Prenez conscience des associations de pensées et des sensations qui peuvent se produire, puis laissez-les aller dans le flux de la conscience. Maintenez cette attention pendant un certain temps, puis fermez les yeux et attendez que votre esprit soit paisible.

Les méditants avancés, après avoir pratiqué régulièrement, peuvent essayer cet exercice en mouvement – par exemple, en marchant, en faisant de la voile ou du vélo, dans un bus ou un train.

UNITÉ DE LA PENSÉE ET DE L'ACTION

Dans les arts martiaux, une des questions les plus cruciales concerne la façon de réduire l'intervalle entre l'attaque et la défense, le stimulus et la réponse. Si l'attaquant donne un coup de pied ou un coup de poing, son adversaire doit réagir rapidement s'il ne veut pas être frappé. Une « ouverture » est cet instant, cet intervalle qui correspond à une hésitation entre la pensée et l'action. Le zen vise précisément ce point. Une perception immédiate, sans interprétation rationnelle qui ralentisse les réactions, est plus rapide. Si quelqu'un l'attaque, le pratiquant d'un art martial doit simplement réagir. Toute pensée ralentira sa réaction. Il doit répondre à la situation telle qu'elle est, de façon exacte et correcte. Point n'est besoin de concepts en dehors de cela.

Comme le disait Bruce Lee : « Il n'y a pas de pensée, seulement ce qui est. Ce qui est ne bouge pas, mais son mouvement et sa fonction sont illimités » (LEE 1979).

Les concepts et les mots suscitent des réactions que sont les idées. Puis l'objet considéré n'est plus perçu directement, mais filtré par nos concepts, ce qui nous ralentit. Les bouddhistes zen croient que les mots et les concepts peuvent nous empêcher de faire l'expérience directe des choses. Ils obstruent la vision claire, menant à l'hésitation et au conflit.

Le propriétaire de l'œil juste voit chaque objet dans sa propre lumière. Quand il voit une épée, il sait aussitôt de quelle façon elle opère. Il affronte la multiplicité des choses et n'est pas dans la confusion. (D. T. SUZUKI 1973.)

Dans les arts martiaux traditionnels, cela entraîne d'autres implications. Une attitude coléreuse, agressive n'aide pas : il en résulte une piètre performance et des réactions médiocres. De même, une attitude timide et craintive est un handicap. Toutes les attitudes sont des illusions transitoires. Seul l'« ici et maintenant », l'instant, existe. La tension entre maintenant et ce qui va venir se dissout dans le vide pour le pratiquant d'un art martial zen. Chaque coup, chaque blocage est unique et nouveau, sans être pourtant séparé ni différent des précédents.

EXERCICE DE MÉDITATION

Vous pouvez méditer tout en pratiquant votre art martial – par exemple, l'entraînement au combat face à face. Méditez avant de commencer, débarrassez votre conscience de toute distraction, centrez votre attention sur chaque instant. Commencez sans rien avoir à l'esprit. Simplement, réagissez et laissez votre entraînement s'exprimer. Ne soyez pas agacé par l'attaque de l'autre, et ne vous sentez pas non plus heureux ni fier si vous marquez un point. Réagissez simplement, l'esprit libre et sans contraintes. Si vous vous êtes bien entraîné, vous constaterez que, sans obstructions mentales, vous êtes au mieux de votre forme.

Vous pouvez appliquer la même conscience à d'autres aspects de votre entraînement, ou à d'autres sports. Pratiquez sans chercher à évaluer votre performance. Soyez directement et totalement immergé dans l'action du moment.

TRANSCENDER LA TECHNIQUE

L'entraînement zen est, au-delà de la technique, la voie de la non-technique. Dans la méditation zen, on ne dit jamais au pratiquant ce qu'il doit penser. Au lieu de cela, le professeur l'encourage à ne penser à rien, à permettre à son esprit d'être vide et libre. La conscience du mouvement est importante pour la méditation dans les arts martiaux. L'esprit zen peut être senti et exprimé dans le mouvement comme dans la tranquillité, il coordonne la main et le pied comme le corps et l'esprit. La forme ne diffère pas du vide. La forme, dans l'art martial, peut être utilisée pour entrer en contact avec le vide, le chemin de l'éveil.

16

Psychothérapie : au-delà du vide

Steve. – *Qu'est-ce que vous ressentez, à présent ?*
Le patient [après plusieurs minutes]. – *Je commence à sentir des tremblements dans mon corps. Je veux ouvrir les yeux.* [Son regard fait le tour de la pièce.] *Oh ! Tout a l'air si brillant, si clair. Les couleurs… si vivantes !* [Il me regarde.] *Je vous vois. Je crois que je ne vous avais jamais vraiment vu auparavant. Vous comprenez ce que je veux dire ?* [Le patient fait le tour de la pièce en regardant les autres membres du groupe. Tout le monde est pétrifié.]
Pendant un instant, nous sommes tous vivants – vraiment vivants – et nous savons tous ce que signifie être vivant, et gai, et tout et partie de l'univers. (J.O. Stevens 1975.)

Le zen se prête de bien des façons à la psychothérapie. Il peut vous mener directement sur une voie d'autodécouverte, ou indirectement, avec l'aide des méthodes de la psychothérapie, en faisant ressortir votre être intuitif, la source d'une compréhension plus profonde. Nous remontons à notre potentiel inconscient positif et les faux concepts s'effacent tandis que nous nous trouvons nous-mêmes.

FLEXIBILITÉ MENTALE

Avec le temps, nous accumulons des concepts, des croyances et des préjugés qui nous aident à donner un sens à notre vie de tous les jours. Certains résultent de nos expériences individuelles. D'autres proviennent de la famille, de l'école, du travail et des idées véhiculées par notre culture. On a tendance à trouver qu'ils coulent de source. Notre expérience du monde entre en interaction avec les concepts que nous avons sur lui (FRANK 1991).

Nos préjugés sont tellement pris pour argent comptant que malheureusement, parfois, de fausses limitations nous semblent tout à fait réelles. Nous pouvons alors nous sentir pris au piège, coincés, incapables de faire de notre mieux. Mais ces contraintes peuvent être des illusions provenant de concepts étroits, limitatifs ou inexacts qui sont devenus habituels.

Si une nouvelle situation ou une nouvelle personne se présente, nous pouvons en avoir une image fausse, et par conséquent ne pas reconnaître le potentiel positif de cette personne ou de cette situation. Nos réactions peuvent être inappropriées, rigides. Nous pouvons avoir besoin de changer.

La mesure de la santé mentale est la flexibilité… L'essence de la maladie est le blocage du comportement dans des schémas inaltérables et insatiables. (KUBIE 1975.)

Les personnes en bonne santé apprennent par l'expérience. Elles répondent de manière appropriée aux changements de condition internes et externes et modifient les concepts et le comportement si nécessaire. Une part importante de la thérapie consiste à aider les patients à développer la flexibilité mentale.

Le zen enseigne que nos actions et nos réactions ne sont que cela, rien de plus. Les idées préconçues et les certitudes ne sont pas le centre ni l'ultime paramètre d'une situation. Nous pouvons devenir plus souples en les rejetant. La méditation régulière apporte des moments de conscience sans limites : la perception sans les concepts. Faites-en l'expérience avec l'exercice suivant.

Conscience méditative. Trouvez un endroit tranquille dehors où vous ne serez pas dérangé, un coin de jardin ou de parc. Asseyez-vous confortablement et fermez les yeux. Portez votre attention sur vous-même tout en étant assis. Sentez-vous le sol ? Remarquez-vous la sensation de l'air sur votre peau ? Le soleil est-il chaud ? Y a-t-il un vent frais ? Notez mentalement tous ces détails, en gardant votre attention sur chaque instant. Puis étendez votre attention à votre environnement. Entendez-vous des oiseaux chanter ? Sentez-vous l'odeur de l'herbe ou des arbres ? Continuez à méditer ainsi pendant plusieurs minutes.

Chaque fois que vous faites cet exercice, essayez d'en augmenter la durée. Asseyez-vous dans des endroits différents, et aussi chez vous, dans une pièce tranquille. Maintenez toujours votre attention d'instant en instant, sans penser à rien de particulier.

LE CONCEPT DU MOI ET L'ÊTRE VÉRITABLE

La psychothérapie occidentale s'efforce de mettre en valeur et de clarifier le concept du moi du patient. Le bouddhisme zen, comme nous l'avons décrit dans la deuxième partie, refuse la réalité ultime du moi individuel. Comment résoudre cette contradiction ? Y a-t-il un moyen de synthétiser ces deux traditions ?

Nous pouvons considérer le moi sur deux plans complémentaires : le relatif et l'absolu. Au niveau relatif, nous sommes tous des individus. Chacun de nous est unique, il n'y a pas deux êtres exactement pareils, même chez les jumeaux. Chaque personne a un moi individuel. Au niveau absolu, cependant, nous sommes tous partie de l'Unité inconnaissable. La nature de notre moi est le reflet d'une unité plus grande, jamais séparée de notre interaction. À ce niveau absolu, aucun individu objectif n'existe. Aussi, nous avons un moi, et pourtant nous n'en avons pas. L'absolu et le relatif se complètent et dépendent l'un de l'autre. Tous deux sont nécessaires et aucun ne se suffit sans l'autre.

Le zen nous enseigne à ne pas nous laisser prendre dans de faux concepts qui ne concernent que le niveau relatif. Si le concept du moi est une illusion au niveau ultime, il est inutile d'être si intéressé par lui. Parfois, nous passons trop de temps penchés sur nous-mêmes. Trop d'autoanalyse peut justement nous éloigner de nous-mêmes.

La psychothérapie humaniste considère que si vous

devenez votre vrai moi au lieu de vouloir ressembler à un moi idéal, vous accomplirez naturellement votre potentiel. Lin-chi a dit :

Hommes aveugles ! Vous essayez de poser une tête au-dessus de celle que vous avez déjà. Quelle erreur ! Adeptes de la voie, vos activités présentes ne diffèrent pas de celles des bouddhas patriarches. Mais vous n'y croyez pas et continuez à chercher à l'extérieur. Ne commettez pas d'erreur ! À l'extérieur, il n'y a pas de dharma ; à l'intérieur, il n'y en a pas à obtenir. (SASAKI 1975.)

Exercice sur le non-moi. Vous pouvez expérimenter le non-moi du zen en faisant quelque chose pour les autres sans chercher aucune récompense ni reconnaissance. Suzuki appelait cela la vertu secrète. Donnez de votre temps et de vos capacités pour quelque chose qui vous tient à cœur. Organisations de services, associations de charité ou aides saisonnières, toutes offrent des occasions de participer. Ou bien vous pouvez préférer agir de manière indépendante dans votre voisinage ou dans la rue. N'essayez pas d'obtenir quoi que ce soit en retour. Les bienfaits anonymes aident à rectifier les déséquilibres, et vous aurez le sentiment d'avoir accompli quelque chose de positif.

IMPLICATION SANS RÉSERVE

Karen Horney fut une célèbre psychothérapeute intéressée par le zen vers la fin de sa vie. Elle fut d'abord influencée par D.T. Suzuki, puis se mit à étudier le zen à mesure qu'elle lui découvrait des liens utiles avec la thérapie. Elle pensait qu'un fonctionnement psychologique sain inclut le fait d'avoir des idéaux pour soi-même. Les idéaux aident souvent les gens à se battre. Mais le moi idéal ne doit jamais être confondu avec le vrai moi, ou la vraie nature. Nous sommes qui nous sommes maintenant tout en nous efforçant d'être plus et mieux. Si nous perdons de vue cette perspective, des problèmes peuvent apparaître. La psychothérapie nous aide à découvrir et à devenir notre vrai moi. Lorsque nous y parvenons, nous sommes impliqués sans réserve dans notre existence, que nous vivons pleinement. Le zen a guidé la compréhension de Karen Horney sur la nature du vrai moi :

> *Il s'agit de s'accepter soi-même tel qu'on est, pas seulement avec son intellect, mais avec sa sensibilité : « C'est moi ! » Sans que cela soit assorti d'intellectualisations ou de jugements... Le sentiment de libération qui accompagne souvent une telle expérience est aussi un sentiment de paix, d'autoacceptation à un niveau émotionnel très profond, le sentiment de faire un avec soi-même. C'est réellement l'expérience de ce que l'on appelle le « vrai moi ».* (HORNEY 1987.)

D'après la philosophie zen, la vraie nature fait Un avec l'univers. Il n'y a pas de séparation entre nous et les autres. Soyez vrai avec vous-même et vous revenez à la base de l'action morale et compatissante, la source sans limite, et non un concept étroit d'image de soi. Des images et concepts de soi incorrects peuvent entraîner nombre des troubles contre lesquels nous luttons. Un conflit interpersonnel est le reflet du manque d'harmonie avec notre vraie nature. La méditation nous aide à retrouver l'harmonie.

L'attitude mentale de l'implication sans réserve peut aussi constituer une technique thérapeutique. Le Dr Horney conseillait aux thérapeutes de porter une attention totale et soutenue à leurs patients. Elle expliquait :

> *Il est évident que le pouvoir de concentration est terriblement important et peut être entraîné. En guise d'illustration, j'aimerais vous lire un exemple tiré d'un livre du bouddhisme zen… L'implication totale de la conscience signifie que toutes nos facultés entrent en jeu : raisonnement conscient, intuition, sentiments, perceptions, curiosité, penchants, sympathie, désir d'aider, etc.* (HORNEY 1987.)

L'implication sans réserve peut être dirigée vers de nombreuses activités de la vie, y compris les relations interpersonnelles à la maison et au travail. Mais le premier pas vient de l'intérieur, dans l'acceptation totale de soi-même. Si vous vous acceptez complètement ici et maintenant, vous découvrirez votre vrai moi. Alors, vous comprendrez ce que Linchi voulait dire par « Rien ne manque ».

Exercice d'attention sans réserve. Asseyez-vous confortablement, les yeux fermés. Pendant quelque temps, concentrez votre attention sur le moment présent. Notez soigneusement ce que vous ressentez. Essayez d'être complètement à l'écoute de vous-même, une écoute profonde, sans idées préconçues. Remarquez-vous que vous faites cette expérience sans jugement, sans décider si ce que vous ressentez est bien ou mal, intelligent ou non ? Écoutez simplement et soyez totalement présent dans l'instant. Que remarquez-vous ? Pouvez-vous accepter ce qui est, ce que vous éprouvez, que ce soit gai, triste, calme, tendu, etc. ?

L'INCONSCIENT ET LE ZEN

Le Dr Milton Erickson, brillant pionnier dans l'utilisation créative de l'hypnose en psychothérapie, pensait que la foi dans les processus inconscients du patient et du thérapeute devait être encouragée et cultivée. C'était une base d'intervention pour engager et développer la thérapie. Erickson entraînait et développait soigneusement les capacités inconscientes de ses élèves pour accroître leurs talents. Ses séances de psychothérapie ne se passaient donc pas seulement au niveau conscient. Il pensait que le niveau inconscient était plus réel et significatif.

L'inconscient n'est pas quelque chose que l'on peut rendre conscient et contrôler, mais plutôt quelque chose dans lequel il faut s'engager avec attention. La conscience et le contrôle ont lieu naturellement quand ils peuvent s'exercer. Qu'est-ce que cela signifie ? Comment pouvons-nous agir avec conscience tout en nous s'engageant dans l'inconscient ? N'y a-t-il pas contradiction ?

L'inconscient fait partie de notre vie quotidienne, mais nous n'y pensons guère à moins qu'il ne devienne un problème. Nous faisons beaucoup de choses inconsciemment, de manière intuitive. Erickson aimait travailler intuitivement. Il avait un profond respect pour le mystère et le merveilleux de la vie. Il avait pour habitude de dire que la raison du problème d'un patient était un mystère, et que la solution était tout aussi mystérieuse. Personne ne peut affirmer au juste pourquoi le problème a commencé et où il va quand il est évacué. En thérapie, l'important n'est pas d'expliquer la difficulté, mais de faire en sorte que le patient surmonte des problèmes et poursuive une vie normale et épanouie. On pourrait perdre beaucoup de temps et d'argent à chercher les causes. Selon Erickson, le changement à apporter était le plus important ; les explications pouvaient venir ensuite. Ce point de vue lui permit d'apporter de l'aide à de nombreuses personnes ayant une grande diversité de problèmes. Il fut reconnu pour sa créativité et son talent à résoudre des cas impossibles devant lesquels les techniques traditionnelles ne pouvaient rien. Il aimait découvrir de nouvelles façons d'aider.

Freud croyait que tous les problèmes profonds proviennent de l'inconscient, qui constitue un chaudron agité d'instincts, d'impulsions et de désirs primitifs et infantiles. Selon lui, le fonctionnement conscient et rationnel devait prédominer si l'on voulait être sain et civilisé. Aussi, il traitait ses patients pour qu'ils deviennent plus conscients de leurs souvenirs, impulsions et désirs inconscients. Ensuite, ils étaient encouragés à résoudre leurs émotions, soit en transformant leur expression de manière positive, soit en apprenant à trouver des satisfactions dans la réalité. Nombreux sont ceux qui, aujourd'hui, pensent à l'inconscient en termes freudiens.

Le concept de l'inconscient selon Erickson est différent de celui de Freud, mais semblable à l'inconscient zen. Pour Erickson, l'inconscient était non conscient et toujours présent, profondément à l'intérieur. Il pensait que l'inconscient est sain et naturel, la source de notre potentiel. En parcourant la vie, nous apprenons des conséquences de nos efforts ce que nous pouvons et ne pouvons pas faire, à quoi nous ressemblons et quelles sont nos limites et nos capacités. Nous développons des pensées conscientes et des croyances. Certaines sont précises et utiles, d'autres sont inexactes et limitées. Ces pensées conscientes, croyances et concepts sont la cause de nos problèmes, et non l'inconscient. Erickson était persuadé que nous devions retourner à l'inconscient, à la source de tout ce que nous sommes et pouvons être. De l'inconscient en tant que fondation, de nouvelles capacités peuvent émerger.

Cette foi dans l'inconscient est parallèle à la vue zen de la vraie nature, l'Esprit avec un grand E. Bodhidharma, Hui-neng, Lin-chi, Dogen, Hakuin, de nombreux grands maîtres zen partageaient cette foi absolue dans la nature profonde intérieure. Shen-hui, disciple de Hui-neng, l'affirmait clairement :

> *Qu'est-ce que l'inconscient ? Ce n'est pas penser à ce qui est ou n'est pas ; ce n'est pas penser au bien et au mal ; ce n'est pas penser avoir des limites ou ne pas en avoir ; ce n'est pas penser à des dimensions (ou des non-dimensions) ; ce n'est pas penser à l'éveil ni penser à être éveillé ; ce n'est pas penser au nirvana ni à atteindre le nirvana : c'est cela, l'inconscient.* (D. T. Suzuki 1972.)

RÉPONSE INCONSCIENTE

Votre inconscient sait intuitivement des choses que vous ne pouvez reconnaître consciemment. Cet exercice vous aidera à faire l'expérience du savoir inconscient. Choisissez un endroit calme où vous ne serez pas dérangé. Asseyez-vous confortablement sur une chaise, les mains reposant sur les genoux. Fermez les yeux et détendez-vous. Videz votre esprit de toute pensée. Puis dirigez votre attention vers vos mains et notez ce que vous ressentez. Est-ce qu'une main vous paraît plus légère ou plus lourde que l'autre ? Est-elle plus chaude ou plus froide ? Remarquez ce qui se passe dans vos mains. Vous ne savez pas ce que votre inconscient va faire. C'est votre réponse inconsciente. Attendez la réponse et appréciez la découverte. Puis ouvrez les yeux et retrouvez votre fonctionnement conscient habituel.

Méditation inconsciente. Asseyez-vous confortablement, tranquillement, et laissez dériver vos pensées. Ne pensez à rien de particulier. Respirez calmement, les muscles détendus, sans fixer votre attention sur quoi que ce soit. Laissez votre inconscient être votre guide, au-delà de toute pensée, tout jugement, en « étant » simplement et en acceptant ce que présente votre inconscient. Continuez ainsi, jusqu'à ce que vous vous sentiez prêt à arrêter.

VACUITÉ : FACE AU VIDE

Après une certaine période de profonde thérapie, de nombreuses personnes aboutissent à un moment de crise, une impasse. Elles ont mis de côté leurs idées préconçues sur le monde et ont accepté sans réserve l'expérience de l'ici et maintenant. Alors, tous les anciens systèmes de comportement et de pensée ne semblent plus fonctionner. Ces personnes ne peuvent plus rester telles qu'elles sont ni redevenir ce qu'elles étaient. Elles se trouvent devant un territoire inconnu, inexploré. Elles décrivent cette expérience comme une entrée dans le vide. L'une d'elles disait que c'était comme dériver au milieu de l'océan, sans pouvoir avancer ni reculer. Ce qui les aide à mener à bien cette expérience, ce ne sont pas seulement des concepts, les opinions des autres, leur expérience passée ou leurs espoirs futurs. Elles doivent faire face à la conscience instant par instant et accepter le vide.

Méditation sur le vide. Méditez sur ce que vous ressentez. Commencez là où vous êtes. Suivez le flux de votre conscience, sans jugement, en acceptant ce que vous sentez. Considérez la phrase : « La forme est le vide et le vide est la forme. » Pensez au vide au sens zen : un vide qui n'est pas « rien », mais fertile en possibilités. Ainsi, vous pourrez vous découvrir plus sain, plus éveillé et plus vivant.

Notre source de potentiel positif est inconsciente en chacun de nous, au-delà de toute opinion que nous pouvons avoir de nous-mêmes. Lorsque nous nous calmons et retournons à cette source, nous retrouvons notre véritable nature spontanée, créative et flexible. La vie trouve un nouveau sens.

CONCLUSION

La forme du zen s'est toujours modifiée en fonction de la culture qui l'adoptait. De son côté, le zen a changé la forme de la culture. Les Chinois ont interprété le bouddhisme indien à l'aide de leur passé taoïste et confucianiste pour finalement créer le zen. Les Japonais, trouvant le zen utile, l'ont transformé en une expression pratique de leur esprit artistique. Maintenant, nous, Occidentaux, pouvons harmoniser le zen avec notre individualité, partie de l'unité.

Le zen est aussi illimité qu'il est sans forme. La forme est le vide, le vide est la forme. Le vide a un grand potentiel, découvert à travers la méditation. La méditation enrichit votre esprit intérieur, vous aide à atteindre votre potentiel dans la perspective de l'éveil.

À travers la méditation, la somme et la substance du zen, vous apprenez à vous accorder à votre nature intuitive, à ne faire qu'un avec votre vie. Les arts zen offrent un moyen de pratiquer le zen à travers une implication active. Par la méditation, vous devenez conscient en vous immergeant dans toutes vos actions. Cette façon d'aborder votre art devient votre façon de vivre une vie éclairée.

Engagez-vous pleinement dans votre vie et vos talents

pourront développer tout leur potentiel. Recréez votre vie quotidienne dans tout ce que vous sentez et faites. Vous obtiendrez plus en vivant simplement zen, instant par instant !

Même si le chemin sans carte tourne encore et encore,
Vos pas seront de plus en plus sûrs
Dans le vaste inconnu, avec le potentiel de l'esprit.
(C. ALEXANDER SIMPKINS.)

OUVRAGES CITÉS

ABE, M., éd. 1986. *A Zen Life : D. T. Suzuki Remembered*. New York.

ABE, M. 1992. *A Study of Dogen*. Albany.

AWAKAWA, Y. 1981. *Zen Painting*. New York.

BENOIT, H. 1990. *Zen and the Psychology of Transformation*. Rochester, Vt.

BLOFELD, J. 1994. *The Chinese Art of Tea*. Londres.

BLYTH, R.H. 1964. *Zen and Zen Classics,* vol. 1 et 2. Tokyo.

—. 1966. *Haiku : Summer-Autumn,* vol. 2. Tokyo.

—. 1968. *Haiku : Spring,* vol. 3. Tokyo.

—. 1968. *Haiku : Autumn & Winter,* vol. 4. Tokyo.

—. 1969. *Haiku : Eastern Culture,* vol. 1. Tokyo

BUSWELL, R. 1991. *Tracing Back the Radiance*. Honolulu, Hawaii.

CAGE, J. 1961. *Silence*. Middletown, Connecticut.

—. 1967. *A Year from Monday,* Middletown, Connecticut.

CONZE, E., I. Horner, D. Snellgrove et A. Waley, éds. 1995. *Buddhist Texts Through the Ages*. Oxford, Angleterre.

DUMOULIN, H. 1988. *Zen Buddhism : A History,* vol. 1. New York.

—. 1990. *Zen Buddhism : A History,* vol. 2. New York.

ERICKSON, M. July 10-15, 1979. *Personal Meeting*, Phoenix, Arizona.

FRANK, J. D. 1991. *Persuasion and Healing*. Baltimore.

GRAHAM, A. 1968. *Conversations : Christian and Buddhist : Encounters in Japan*. New York.

—. 1974. *Contemplative Christianity*. New York.

HALL, E. 1983. *The Dance of Life*. New York.

HAMILTON, E. 1961. *The Collected Dialogues of Plato*. Princeton, New Jersey.

HENDERSON, H. 1977. *Haiku in English*. Rutland, Vt.

HERRIGEL, G. 1958. *Zen in the Art of Flower Arrangement*. Londres.

HERRIGEL, E. 1971a. *The Method of Zen*. New York.

—. 1971b. *Zen in the Art of Archery*. New York.

HIGGINSON, W. 1996. *The Haiku Seasons*. Tokyo.

HIRAI, T. 1974. *Psychophysiology of Zen*. Tokyo.

HORNEY, K. 1964. *The Neurotic Personality of Our Time*. New York.

—. 1987. *Final Lectures*. New York.

IFRAH, G. 1987. *From One to Zero, A Universal History of Numbers*. New York.

KEEL, HEE-SUNG. 1984. *Chinul : The Founder of Korean Son Tradition*. Berkeley, Californie.

KITAGAWA, J. 1966. *Religion in Japanese History*. New York.

KUBIE, L. 1975. *Neurotic Distortion of the Creative Process*. Toronto.

LEE, B. 1979. *Tao of Jeet Kune Do*. Burbank, Californie.

LEGGETT, T. 1958. *The Warrior Koans, Early Zen in Japan*. Londres.

MATTSON, G. E. 1963. *The Way of Karate*. Rutland, Vt.

MUSASHI, M. 1974. *The Book of Five Rings*. Woodstock, New York.

NITOBE, I. 1969. *Bushido : The Soul of Japan*. Boston.

OKAKURA, K. 1989. *The Book of Tea*. New York.

PARULSKI, G. 1976. *A Path to Oriental Wisdom*. Burbank, Californie.

PERLS, F. 1969a. *Gestalt Therapy Verbatim*. Lafayette, Californie.

—. 1969b. *In and Out the Garbage Pail*. Lafayette, Californie.

PINE, R. 1989. *The Zen Teaching of Bodhidharma*. San Francisco.

PRICE, A. F., et W. Mou-lam. 1990. *The Diamond Sutra and the Sutra of Hui-Neng*. Boston.

REPS, P. 1994. *Zen Flesh, Zen Bones*. Rutland, Vt.

ROSS, N. W. 1960. *The World of Zen*. New York.

SADLER, A. L. 1994. *Cha-No-Yu. The Japanese Tea Ceremony*. Rutland, Vt.

SASAKI, R. F. 1965. *The Zen Koan*. San Diego.

—. 1975. *The Recorded Sayings of Chían Master Lin-chi Hui-chao of Chen Prefecture*. Kyoto.

—. 1992. *The Whole World is a Single Flower*. Boston.

SEKIDA, K. 1977. *Two Zen Classics : Mumonkan & Hekiganroku*. New York.

SEUNG SAHN. 1992. *Only Don't Know*. Cumberland, R.I.

SHIGEMATSU, S. 1988. *A Zen Harvest*. San Francisco.

SIMPKINS, C.A., et A.M. Simpkins. 1996. *Principles of Meditation : Eastern Wisdom for the Western Mind*. Boston.

—. 1992. *The Whole World is a Single Flower*. Boston.

—. 1997. *Living Meditation : From Principle to Practice*. Boston.

—. 1998. *Meditation From Thought to Action.* Boston.

—. 1997b. *Zen Around the World : A 2500 Year Journey from the Buddha to You.* Boston.

—. 1990. *Principles of Self Hypnosis : Pathways to the Unconscious.* New York.

SKINNER, B.F. *Cognition, Creativity, and Behavior.* Film.

SOYEN, Shaku. 1987. *Zen for Americans.* New York.

STEVENS, J. 1989. *The Sword of No-Sword.* Boston.

STEVENS. J.O., éd. 1975. *Gestalt Is.* Moab, Utah.

SUZUKI, D.T. 1955. *Studies in Zen.* New York.

—. 1960. *Manual of Zen Buddhism,* New York.

—. 1994. *The Training of the Zen Buddhist Monk,* Boston.

—. 1972. *The Zen Doctrine of No-Mind,* York Beach.

—. 1973. *Zen and Japanese Culture,* Princeton, New Jersey.

—. 1994. *The Zen Koan as a Means of Attaining Enlightenment,* Boston.

SUZUKI, S. 1979. *Zen Mind, Beginners Mind.* New York.

TAKUAN, S. 1986. *The Unfettered Mind.* Tokyo.

THOMPSON, K. 1986. *Japanese Ink-painting as Taught by Ukai Uchiyama.* Rutland, Vt.

WADDELL, N. 1994a. *The Essential Teachings of Zen Master Hakuin.* Boston.

—. 1994b. *The Unborn ; The Life and Teaching of Zen Master Bankei 1622-1693.* San Francisco.

WATSON, B. 1993. *The Zen Teachings of Master Lin-Chi.* Boston.

WATTERSON, B. 1990. *Weirdos From Another Planet*. New York.

WATTS, A. 1960. *This Is It*. New York.

—. 1961. *Psychotherapy East and West*. New York.

WESTGEEST, Z. 1996. *Zen in the Fifties*. Amsterdam.

YAMADA. S. 1966. *Complete Sumi-e Techniques*. Elmsford, New York.

YAMAMOTO, T. 1979. *The Book of the Samurai Hagakure*. Tokyo.

YAMPOLSKY, P. 1971. *The Zen Master Hakuin : Selected Writings*. New York.

YOKOI, H. 1990. *Zen Master Dogen*. New York.

Achevé d'imprimer par France-Quercy
(à Cahors) en décembre 1999.

N° d'édition : 3120.
Dépôt légal : janvier 2000.

Imprimé en France.